基层乒乓球组织编排与抽签研究

华承健　著

上海交通大学出版社
SHANGHAI JIAO TONG UNIVERSITY PRESS

内容提要

本书针对基层乒乓球竞赛的组织、编排与抽签工作和赛制进行深入的梳理与归纳;并以各种实例为主线,进行梳理与分析,向读者分享相关的竞赛组织、编排与抽签工作的经验。书中有大量案例,包括全国层面的、省级层面的、市级层面的、县级层面的各种乒乓球赛事做了全面详细的解读。其中包括各类成人、青少年、学生的乒乓球比赛等,进一步提升读者对我国现行各类乒乓球赛制的理解。

本书可为广大基层乒乓球竞赛组织者专业培训辅助教材,也可作为广大乒乓球爱好者的参考读物。

图书在版编目(CIP)数据

基层乒乓球组织编排与抽签研究 / 华承健著. —上
海:上海交通大学出版社,2023.3
ISBN 978 - 7 - 313 - 28113 - 5

Ⅰ.①基… Ⅱ.①华… Ⅲ.①乒乓球运动－运动竞赛
－组织管理 Ⅳ.①G846.4

中国版本图书馆 CIP 数据核字(2022)第 238279 号

基层乒乓球组织编排与抽签研究
JICENG PINGPANGQIU ZUZHI BIANPAI YU CHOUQIAN YANJIU

著　　者:华承健				
出版发行:上海交通大学出版社		地　　址:上海市番禺路 951 号		
邮政编码:200030		电　　话:021 - 64071208		
印　　制:江苏凤凰数码印务有限公司		经　　销:全国新华书店		
开　　本:710 mm×1000 mm　1/16		印　　张:14.5		
字　　数:220 千字				
版　　次:2023 年 3 月第 1 版		印　　次:2023 年 3 月第 1 次印刷		
书　　号:ISBN 978 - 7 - 313 - 28113 - 5				
定　　价:58.00 元				

2012 年 12 月，国际乒联职业巡回赛总决赛

2013 年 8 月，亚洲青年运动会乒乓球比赛

2015 年 10 月，全国乒乓球锦标赛

2016 年 10 月，世界乒乓球青少年挑战赛

2017 年 9 月，全国第十三届学生运动会乒乓球比赛

2017 年 10 月，担任全国首届乒乓球等级联赛裁判长

2018 年 3 月，中国乒乓球协会团体公开赛

2018 年 12 月，中国乒乓球协会超级联赛

2019 年 8 月,第一届中日少儿乒乓球挑战赛

2021 年 9 月,中华人民共和国第十四届运动会

2021 年 11 月，休斯敦世乒赛热身赛

组织乒乓球比赛抽签工作

前言
PREFACE

本书是笔者近二十年从事基层乒乓球编排工作、赛制理论研究与实践经验的全面回顾，也是对基层乒乓球竞赛组织、编排与抽签工作的科学总结。笔者通过对义乌市乒乓球后备人才积分赛、浙江省青少年乒乓球积分排名赛方案与抽签、义乌市乒乓球俱乐部联赛、义乌市乒乓球协会个人积分赛等组织较好且较有特色的乒乓球比赛方案进行分析与梳理，归纳了基层乒乓球竞赛的组织经验。着重介绍了义乌市乒乓球后备人才积分赛比赛过程中的竞赛办法、比赛成绩积分排名的算法、比赛组织的策划与要求等。通过对义乌市运会乒乓球比赛、全国大学生乒乓球锦标赛、金华市九运会乒乓球选拔赛等编排与抽签工作的整理与总结，归纳了基层乒乓球竞赛的编排与抽签经验。本书可为广大基层乒乓球竞赛组织者提供较为系统且具体的赛事组织、编排与抽签工作的生动案例，笔者真诚希望本书能够在一定程度上提升全国各地基层乒乓球竞赛组织的水平。

笔者针对基层乒乓球竞赛组织与专业竞赛组织的巨大差异，开展深度研究，整理归纳的乒乓球竞赛组织、编排与抽签等方面的案例全面而详细。同时，本书也以各种实例为主线，通过实例的梳理与分析，向读者讲述相关的竞赛组织、编排与抽签工作等方面的具体经验，有助于加深读者的理解。案例精辟地分析了全国大学生乒乓球锦标赛、浙江省青少年乒乓球积分排名赛、浙江省乒协乒乓球比赛、金华市九运会乒乓球选拔赛、义乌市乒乓球俱乐部联赛等基层组织的乒乓球比赛，范围涵盖全国层面、省级层面、市级层面、县级层面的各类乒乓球比赛，也包括成人、青少年、学生的比赛等，涉及面非常广。

本书中的案例均是笔者亲身经历的,是笔者从自身参与组织的基层乒乓球竞赛中精心挑选的,是笔者在多年从业过程中印象非常深刻的,值得记录和分享的。案例的编写,重点突出,特点鲜明,更能吸引读者的眼球,激发读者进一步阅读的兴趣。

2018年1月,浙江省乒乓球协会对我省青少年乒乓球积分排名赛赛制进行部分改革。省乒协邀请笔者利用寒假时间,在以往积分赛的基础上,对赛制进行重新规划,从原来的每场5局3胜改为3局2胜;第一阶段分组由原来的5人一组改为6人一组;第二阶段的淘汰赛也有相应的变化,主要目的是减少整体比赛时间、增强比赛的竞争感、提高交流切磋面等,赛制的改革得到教练与家长们的一致好评,参赛人数由原来的800人,增加到现在的1 500人左右。

一路见证,一路成长,一路收获。感谢中国乒乓球协会,浙江省体育局、省乒协,浙江省学校体协大乒分会、义乌工商职业技术学院的培养,让我有机会参与众多乒乓球裁判工作。感谢浙江省体育局万芳芳老师,浙江大学体育系赵永昌老师,国际级裁判员俞蕙琳、何志华、刘文珂等老师,国家级裁判员张池加、周星栋等老师们的悉心帮助与精心指导。

本书是在浙江省教育厅一般科研项目"浙江省学生乒乓球积分赛赛制的研究"(2020JYTYB05)和浙江省教育厅访问工程师"校企合作项目""基层青少年体育赛事组织经验分析"(FG2021186)的基础上完成的。

由于水平有限,书中难免会有不妥之处,恳请广大读者批评指正。

目录
CONTENTS

第一章

义乌市后备人才乒乓球积分赛

第一节　义乒积赛竞赛办法

义乌市后备人才乒乓球积分赛（简称义乒积赛），采用的是参赛者注册参与，根据年龄分不同的组别进行比赛决出名次，依据名次确认积分值，综合最近四站总积分，以总积分多少区分级别的一种竞赛方法。

笔者在 2010 年应义乌市体育局的要求，依据浙江省乒乓球积分赛的模式，结合多年来担任中国乒乓球会员联赛的裁判员、省乒乓球积分赛的裁判长和编排长的工作经验，结合义乌实际情况提出了"竞赛规程＋竞赛方法＋编排方案＋排名办法"义乌市乒乓球积分赛的赛制体系，以期达到科学、规范、高效开展乒乓球积分赛的目的。

义乒积赛由"竞赛规程＋竞赛方法＋编排方案＋排名方法"四块内容组成（见图 1-1）。

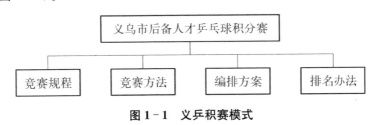

图 1-1　义乒积赛模式

一、竞赛规程

义乌市后备人才乒乓球积分赛每年比赛四站，前三站为分站赛，第四站为总决赛。2018 年义乌市后备人才乒乓球积分赛,项目为男、女单打。参加比赛的有 10 组别,具体要求如下。

(一) 年龄

(1) 男、女 2006 组:必须是 2003 年 1 月 1 日至 2006 年至 12 月 31 日出生者。

(2) 男、女 2007 组,男、女 2008 组,男、女 2009 组:当年 1 月 1 日至 12 月 31 日间出生者。

(3) 男、女 2010 组:必须是 2010 年 1 月 1 日以后出生者。

(二) 报名注册

每年第一站前报名参赛的运动员必须向义乌市体育局登记注册,比赛时必须交验义乌市体育局颁发的注册证、身份证(户口本),否则不得参加比赛。参赛运动员必须是义乌在读在训学生,身体健康,有良好的体育道德素养,且已在义乌注册并有资格代表我市参加上一级比赛的学生,具有本人第二代身份证(户口本)。

(三) 报名费与奖励

参赛运动员需交报名费 100 元,以后各站比赛获前一站前八名的运动员不收报名费。各站前六名运动员颁发荣誉证书,总决赛前六名运动员颁发荣誉证书和奖金。

二、竞赛办法

(一) 第一站至第三站竞赛办法

(1) 各组别报名参赛人数为 3 人以下,则并入相邻较高年龄组别进行比赛。

(2) 各组别报名参赛人数如为 4～7 人,采用单循环赛制排出全部名次。

(3) 各组别报名参赛人数为 8 人以上,采用两个阶段:第一阶段单循环赛制,第二阶段淘汰赛加附加赛制。

（4）各组别报名参赛人数为 8～10 人,采用两个阶段。

第一阶段采用分组单循环赛制,根据实际报名人数和上一期总积分排名,分成 2 组,采用单循环赛制排出名次。

第二阶段采用淘汰赛加附加赛,根据两小组名次,小组前三名进行淘汰赛加附加赛决 1～6 名,两小组后几名进行淘汰赛加附加赛制排出名次。

（5）各组别报名参赛人数为 11～16 人,分甲、乙级运动员,采用两个阶段。

第一阶段采用分级后再分组进行单循环赛制。根据实际报名人数和上一期总积分排名分成:

甲级:1～8 名,分成 2 个小组采用单循环赛制排出名次;

乙级:9～16 名,根据人数分成 1～2 个小组（每组 5 人左右）,采用单循环赛制排出名次。

第二阶段采用淘汰赛加附加赛:甲级两小组前三名采用淘汰赛加附加赛决 1～6 名;甲级两小组的第 4 名和乙级小组采用淘汰赛加附加赛制决出 7～16 名。

（6）各组别报名参赛人数如为 17 人及以上,分甲、乙、丙级运动员,采用两个阶段。

第一阶段采用分级单循环赛制。根据实际报名人数和上一期总积分排名分成:

甲级:1～8 名,分成 2 个小组采用单循环赛制排出名次;

乙级:9～16 名,根据人数分成 2 个小组（每组 5 人左右）,采用单循环赛制排出名次;

丙级:17 名以后,分成 1～4 个小组（每组 5 人左右）,采用单循环赛制排出名次。

第二阶段采用淘汰赛加附加赛:甲级小组第 1、2、3 名采用淘汰赛加附加赛决出 1～6 名;甲级小组第 4 名和乙级小组第 1、2、3 名采用淘汰赛加附加赛决出 7～14 名;乙级小组第 4、5 名和丙级小组第 1 名（或 1～2 名）采用淘汰赛加附加赛决出 15～22（或 26）名;丙级其余运动员,按小组名次,以 8 人左右为一档,采用淘汰赛加附加赛排出以后名次。

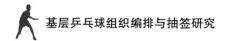

各组别报名数中若排名人数不足(不符合分级人数要求),则甲、乙、丙分级人数做适当调整。最小和最大年龄组的第一站竞赛办法根据报名情况另定。

(二) 年度总决赛

1. 参加人数和基本要求

每年度举行年度总决赛,参赛者为各组别总积分排名的前八名,而且必须参加过当年2站及以上比赛,并依据实际报名情况依次递补。

2. 竞赛办法

比赛分两阶段进行。第一阶段根据总积分再按蛇形依次排列,分两组进行循环赛。第二阶段根据第一阶段的名次,两小组前两名运动员为一组,再进行循环赛,决1~4名。后两名运动员为一组,再进行循环赛,决出5~8名。第一阶段的成绩带入第二阶段。

如人数在6或6人以下的,则采用单循环赛进行。

(三) 分级抽签原则

1. 第一阶段

各站第一阶段分级、同级别(档次)运动员分组抽签进位,均依据上一站运动员的总积分排名,编排时根据该站实际报名人数,按蛇形依次排列。如遇到相同协会的运动员在同一小组,则名次靠后的做调整,应向同一排的前一名次调整位置,只允许在同一排中调整。如11人参加比赛,则甲级分为2组,4人一组,乙级3人一组,进行循环赛。

2. 第二阶段

依据第一阶段小组赛的成绩,参照上一期总积分排名,第一轮如遇同单位需合理分开。如11人参加比赛,则甲级2组的前3名,共6人,决1~6名。甲级2组的第4名与乙级的3人,决7~11名。

三、比赛方案

比赛方案比较复杂,第二节中会专门详细介绍。

四、排名办法

每站的比赛得分均按该组别实际参赛人数和所获得名次进行计算,这个计算办法参考学习了浙江省青少年乒乓球积分排名赛的方法:

第一名得分为 n(实际参赛人数)×10+50;

第二名得分为(n−1)×10+30;

第三名得分为(n−2)×10+20;

第四名得分为(n−3)×10+10;

第五名得分为(n−4)×10;

第六名得分为(n−5)×10。

以下名次则按第五名、第六名公式依次递减进行计算。总决赛得分和最后一站得分累计。

各站积分计算,按时间递减系数方法进行。时间递减系数是指一名运动员根据参赛时间的远近赋予所得百分数,离比赛时间越远赋予的百分数越小。其主要作用在于对运动员一段时间内参赛成绩进行积分排名时,更加突出近期比赛的成绩。

具体赋予的时间递减系数为:

当前这次比赛所得的赋予百分数分为 100%,时间递减系数为 1.00;

往前一站比赛所得的赋予百分数分为 75%,时间递减系数为 0.75;

往前二站比赛所得的赋予百分数分为 50%,时间递减系数为 0.50;

往前三站比赛所得的赋予百分数分为 25%,时间递减系数为 0.25;

往前第四站开始(总决赛除外),就不列入总积分计算。

排名积分计算采用累积分,具体计算公式为

$$A = \sum (P \cdot T)$$

式中 A 代表排名总(累)积分;P 代表各站比赛所获得分数;T 代表时间递减系数。

总积分排名,根据总(累)积分高低进行。若总积分相等,则按照就近这站积分高者排在前的原则,依次排序。

五、其他说明

（1）参加义乒积赛的运动员必须以相关乒乓球协会的名义向义乌市体育局体育科登记（注册），年度比赛期间不得转会，否则以各年度比赛的第一站为准。

（2）本办法所涉及的运动员年龄分组，按市体育局体育科有关规定执行。

（3）本办法的修订和解释权属市体育局体育科。

第二节　义乒积赛比赛方案

一、每个组别3至7名运动员参加比赛

每个组别的人数必须有3名及以上才设项，如不足3名，则此组别运动员合并到高一级年龄组别进行比赛。若每个组别只有7至10名运动员参加比赛，则不分级。

3至7名运动员参赛，比赛采用单循环赛进行。

二、每个组别8至16名运动员参加比赛

8至16名运动员参加比赛，第一阶段和第二阶段比赛方案见表1-1。

（1）8名运动员参赛，比赛分两个阶段进行。

第一阶段：分2个小组，每组4名，进行循环赛决出名次。合计12场比赛。

第二阶段：两个小组的前2名运动员，采用单淘汰加附加赛决出1～4名；两个小组的第3名和第4名运动员，采用单淘汰加附加赛决出5～8名。合计8场比赛。

总计20场。

表1-1 8至16名运动员按积分排名分组比赛方案

人数	分级	组*人	第一阶段（循环赛） 轮次1	2	3	4	5	6	7	小计	合计	参赛人数	分组	第二阶段（单淘汰赛加附加赛） 轮次1	2	3	4	5	小计	合计	场数总计
7		7	3	3	3	3	3	3	3	21	21										21
8		4*2	4	4	4					12	12	4 4	1~4 5~8	2 2	2 2	 2			4 4	8	20
9	甲 乙	1*4 1*5	2 2	2 2	2 2	2	2			6 10	16	6 3	1~6 7~9	2 1	3	2			7 2	9	25
10		2*5	4	4	4	4	4			20	20	6 4	1~6 7~10	2 2	3 2	2			7 4	11	31
11	甲 乙	2*4 1*3	4 1	4 1	4					12 3	15	6 5	1~6 7~11	2 1	3 2	2 2			7 5	12	27
12	甲 乙	2*4 1*4	4 2	4 2	4					12 6	18	6 6	1~6 7~12	2 2	3 3	2 2			7 7	14	32
13	甲 乙	2*4 1*5	4 2	4 2	4 2	2	2			12 10	22	6 7	1~6 7~13	2 3	3 3	2 3			7 9	16	38
14	甲 乙	2*4 2*3	4 2	4 2	4					12 6	18	6 8	1~6 7~14	2 4	3 4	2 4			7 12	19	37
15	甲 乙	2*4 1*3 1*4	4 1 2	4 1 2	4					12 3 6	21	6 9	1~6 7~15	2 1	3 4	2 4	4		7 13	20	41
16	甲 乙	2*4 2*4	4 4	4 4	4 4					12 12	24	6 10	1~6 7~16	2 2	3 5	2 4	4		7 15	22	46

（2）9 名运动员参赛,比赛分两个阶段进行。

第一阶段:分 2 个小组,第一个小组 4 名,第二个小组 5 名,进行循环赛决出名次。合计 16 场比赛。

第二阶段:两个小组的前 3 名运动员,采用单淘汰加附加赛决出 1～6 名;两个小组中的第 4 名和第 5 名运动员,采用单淘汰加附加赛决出 7～9 名。合计 9 场比赛。

总计 25 场。

（3）10 名运动员参赛,比赛分两个阶段进行。

第一阶段:分 2 个小组,每组 5 名,进行循环赛决出名次。合计 20 场比赛。

第二阶段:两个小组的前 3 名运动员,采用单淘汰加附加赛决出 1～6 名;两个小组中的第 4 名和第 5 名运动员,采用单淘汰加附加赛决出 7～10 名。合计 11 场比赛。

总计 31 场。

11 名及以上运动员参加比赛,比赛分为甲级和乙级。

（4）11 名运动员参赛,积分名次 1～8 名的运动员为甲级别,积分名次 9 至 11 名的运动员为乙级别。

第一阶段:甲级别 8 名运动员分 2 组,每组 4 名运动员;乙级别 3 名运动员分 1 组。合计 15 场比赛。

第二阶段:甲级别两小组的第一名至第三名的 6 名运动员,决 1～6 名;甲级别第四名的 2 名运动员与乙级别 3 名运动员进行淘汰赛加附加赛,决 7～11 名。合计 12 场比赛。

共计 27 场。

（5）12 名运动员参赛,积分名次 1～8 名的运动员为甲级别,积分名次 9 至 12 名的运动员为乙级别。

第一阶段:甲级别 8 名运动员分 2 组,每组 4 名运动员;乙级别 4 名运动员分 1 组。合计 18 场比赛。

第二阶段:甲级别两小组的第一名至第三名的 6 名运动员,决 1～6 名;甲级别第四名的 2 名运动员与乙级别 4 名运动员进行淘汰赛加附加赛,决 7～12 名。合计 14 场比赛。

共计 32 场。

（6）13 名运动员参赛，积分名次 1～8 名的运动员为甲级别，积分名次 9 至 13 名的运动员为乙级别。

第一阶段：甲级别 8 名运动员分 2 组，每组 4 名运动员；乙级别 5 名运动员分 1 组。合计 22 场比赛。

第二阶段：甲级别两小组的第一名至第三名的 6 名运动员，决 1～6 名；甲级别第四名的 2 名运动员与乙级别 5 名运动员进行淘汰赛加附加赛，决 7～13 名。合计 16 场比赛。

共计 38 场。

（7）14 名运动员参赛，积分名次 1～8 名的运动员为甲级别，积分名次 9 至 14 名的运动员为乙级别。

第一阶段：甲级别 8 名运动员分 2 组，每组 4 名运动员；乙级别 6 名运动员分 2 组。每组 3 名运动员，合计 18 场比赛。

第二阶段：甲级别两小组的第一名至第三名的 6 名运动员，决 1～6 名；甲级别第四名的 2 名运动员与乙级别 6 名运动员进行淘汰赛加附加赛，决 7～14 名。合计 19 场比赛。

共计 37 场。

（8）15 名运动员参赛，积分名次 1～8 名的运动员分为甲级别，积分名次 9 至 15 名的运动员为乙级别。

第一阶段：甲级别 8 名运动员分 2 组，每组 4 名运动员；乙级别 7 名运动员分 2 组，第一个小组 3 名，第二个小组 4 名运动员。合计 21 场比赛。

第二阶段：甲级别两小组的第一名至第三名的 6 名运动员，决 1～6 名；甲级别第四名的 2 名运动员与乙级别 7 名运动员进行淘汰赛加附加赛，决 7～15 名。合计 20 场比赛。

共计 41 场。

（9）16 名运动员参赛，积分名次 1～8 名的运动员为甲级别，积分名次 9 至 16 名的运动员为乙级别。

第一阶段：甲级别 8 名运动员分 2 组，每组 4 名运动员；乙级别 8 名运动员分 2 组，每组 4 名。合计 24 场比赛。

第二阶段：甲级别两小组的第一名至第三名的 6 名运动员，决 1～6 名；甲级别第四名的 2 名运动员与乙级别 8 名运动员进行淘汰赛加附加赛，决 7～16 名。合计 22 场比赛。

共计 46 场。

三、每个组别 17 至 26 名运动员参加比赛

17 至 26 名运动员参加比赛，第一阶段和第二阶段比赛方案见表 1-2。

(1) 17 名运动员参赛，积分名次 1～8 名的运动员为甲级别，积分名次 9 至 17 名的运动员为乙级别。

第一阶段：甲级别 8 名运动员分 2 组，每组 4 名运动员；乙级别 9 名运动员分 2 组，第一个小组 4 名，第二个小组 5 名运动员。合计 28 场比赛。

第二阶段：甲级别两小组的第一名至第三名的 6 名运动员，决 1～6 名；甲级别第四名的 2 名运动员与乙级别两小组的第一名至第三名的 6 名运动员进行淘汰赛加附加赛，决 7～14 名；乙级别两小组的第四名至第五名的运动员进行淘汰赛加附加赛，决 15～17 名。合计 21 场比赛。

共计 49 场。

(2) 18 名运动员参赛，积分名次 1～8 名的运动员为甲级别，积分名次 9 至 18 名的运动员为乙级别。

第一阶段：甲级别 8 名运动员分 2 组，每组 4 名运动员；乙级别 10 名运动员分 2 组，每组 5 名运动员。合计 32 场比赛。

第二阶段：甲级别两小组的第一名至第三名的 6 名运动员，决 1～6 名；甲级别第四名的 2 名运动员与乙级别两小组的第一名至第三名的 6 名运动员进行淘汰赛加附加赛，决 7～14 名；乙级别两小组的第四名至第五名的运动员进行淘汰赛加附加赛，决 15～18 名。合计 23 场比赛。

共计 55 场。

表1-2　17至26名运动员按积分排名分组比赛方案

人数	分级	组*人	第一阶段（循环赛）轮次1	2	3	4	5	6	7	小计	合计	参赛人数	分组	第二阶段（单淘汰赛加附加赛）轮次1	2	3	4	5	小计	合计	场数总计
17	甲	2*4	4	4	4					12	28	6	1~6	2	3	2			7	21	49
	乙	1*4	2	2	2					6		8	7~14	4	4	4			12		
	丙	1*5	2	2	2	2	2			10		3	15~17	1	1				2		
18	甲	2*4	4	4	4					12	32	6	1~6	2	3	2			7	23	55
	乙	2*5	4	4	4	4	4			20		8	7~14	4	4	4			12		
												4	15~18	2	2				4		
19	甲	2*4	4	4	4					12	27	6	1~6	2	3	2			7	24	51
	乙	2*4	4	4	4					12		8	7~14	4	4	4			12		
	丙	1*3	1	1	1					3		5	15~19	1	2	2			5		
20	甲	2*4	4	4	4					12	30	6	1~6	2	3	2			7	26	56
	乙	2*4	4	4	4					12		8	7~14	4	4	4			12		
	丙	1*4	2	2	2					6		6	15~20	2	3	2			7		
21	同上																				
25	同上																				
26	甲	2*4	4	4	4					12	44	6	1~6	2	3	2			7	39	83
	乙	2*4	4	4	4					12		8	7~14	4	4	4			12		
	丙	2*5	4	4	4	4	4			20		12	15~26	4	5	6	4		20		

19 名及以上的运动员参加比赛,比赛分甲、乙、丙三级进行。

(3) 19 名运动员参赛,积分名次 1～8 名的运动员为甲级别,积分名次 9 至 16 名的运动员为乙级别,积分名次 17 至 19 名的运动员为丙级别。

第一阶段:甲级别 8 名运动员分 2 组,每组 4 名运动员;乙级别 8 名运动员分 2 组,每组 4 名运动员;丙级别 3 名运动员分 1 组。合计 27 场比赛。

第二阶段:甲级别两小组的第一名至第三名的 6 名运动员,决 1～6 名;甲级别第四名的 2 名运动员与乙级别两小组的第一名至第三名的 6 名运动员进行淘汰赛加附加赛,决 7～14 名;乙级别两小组的第四名运动员与丙级别 3 名运动员进行淘汰赛加附加赛,决 15～19 名。合计 24 场比赛。

共计 51 场。

(4) 20 名运动员参赛,积分名次 1～8 名的运动员为甲级别,积分名次 9 至 16 名的运动员为乙级别,积分名次 17 至 20 名的运动员为丙级别。

第一阶段:甲级别 8 名运动员分 2 组,每组 4 名运动员;乙级别 8 名运动员分 2 组,每组 4 名运动员;丙级别 4 名运动员分 1 组。合计 30 场比赛。

第二阶段:甲级别两小组的第一名至第三名的 6 名运动员,决 1～6 名;甲级别第四名的 2 名运动员与乙级别两小组的第一名至第三名的 6 名运动员进行淘汰赛加附加赛,决 7～14 名;乙级别两小组的第四名运动员与丙级别 4 名运动员进行淘汰赛加附加赛,决 15～20 名。合计 26 场比赛。

共计 56 场。

21 至 25 名运动员参赛,依次类推。

(5) 26 名运动员参赛,积分名次 1～8 名的运动员为甲级别,积分名次 9 至 16 名的运动员为乙级别,积分名次 17 至 26 名的运动员为丙级别。

第一阶段:甲级别 8 名运动员分 2 组,每组 4 名运动员;乙级别 8 名运动员分 2 组,每组 4 名运动员;丙级别 10 名运动员分 2 组,每组 5 名运动员。合计 44 场比赛。

第二阶段:甲级别两小组的第一名至第三名的 6 名运动员,决 1～6 名;甲级别第四名的 2 名运动员与乙级别两小组的第一名至第三名的 6 名运动员进行淘汰赛加附加赛,决7～14名;乙级别两小组的第四名运动员与丙级别10名运动员进行淘汰赛加附加赛,决15～26名。合计39场比赛。

共计83场。

四、每个组别27名及以上运动员参加比赛

27名及以上运动员参赛,第一阶段和第二阶段比赛方案见表1-3。

(1) 27名运动员参赛,积分名次1～8名的运动员为甲级别,积分名次9至16名的运动员为乙级别,积分名次17至27名的运动员为丙级别。

第一阶段:甲级别8名运动员分2组,每组4名运动员;乙级别8名运动员分2组,每组4名运动员;丙级别11名运动员分2组,第一小组5名,第二小组6名运动员。合计49场比赛。

第二阶段:甲级别两小组的第一名至第三名的6名运动员,决1～6名;甲级别第四名的2名运动员与乙级别两小组的第一名至第三名的6名运动员进行淘汰赛加附加赛,决7～14名;乙级别两小组的第四名运动员与丙级别两小组的第一名至第三名运动员进行淘汰赛加附加赛,决15～22名。合计36场比赛。

共计85场。

(2) 28名运动员参赛,积分名次1～8名的运动员分为甲级别,积分名次9至16名的运动员为乙级别,积分名次17至27名的运动员为丙级别。

第一阶段:甲级别8名运动员分2组,每组4名运动员;乙级别8名运动员分2组,每组4名运动员;丙级别11名运动员分2组,第一小组5名,第二小组6名运动员。合计49场比赛。

第二阶段,甲级别两小组的第一名至第三名的6名运动员,决1～6名;甲级别第四名的2名运动员与乙级别两小组的第一名至第三名的6名运动员进行淘汰赛加附加赛,决7～14名;乙级别两小组的第四名运动员与丙级别两小组的第一名至第三名运动员进行淘汰赛加附加赛,决15～22名。合计36场比赛。

共计85场。

29名至31名运动员参赛,依次类推。

表1-3 27名及以上运动员按积分排名分组比赛方案

人数	分级	组*人	第一阶段（循环赛）轮次 1	2	3	4	5	6	7	小计	合计	参赛人数	分组	第二阶段（单淘汰赛加附加赛）轮次 1	2	3	4	5	小计	合计	场数总计
27	甲	2*4	4	4	4					12	49	6	1~6	2	2	2			7	36	85
	乙	2*4	4	4	2	2				12		8	7~14	4	3	4			12		
	丙	1*5	2	2	2	2	2			10		8	15~22	4	4	4			12		
	丙	1*6	3	3	3	3	3			15		5	23~27	1	2	2			5		
28	甲	2*4	4	4	4					12	54	6	1~6	2	2	2			7	38	92
	乙	2*4	4	4	4					12		8	7~14	4	4	4			12		
	丙	2*6	6	6	6	6	6			30		8	15~22	4	4	4			12		
												6	23~28	2	2	2			7		
29	甲	2*4	4	4	4					12	39	6	1~6	2	2	2			7	39	78
	乙	2*4	4	4	4					12		8	7~14	4	4	4			12		
	丙	3*3	3	3	3					9		10	15~24	2	5	4	4		15		
	丙	1*4	2	2	2					6		5	25~29	1	2	2			5		
30 31			同上																		
32	甲	2*4	4	4	4					12	48	6	1~6	2	2	2			7	46	94
	乙	2*4	4	4	4					12		8	7~14	4	4	4			12		
	丙	4*4	8	8	8					24		10	15~24	2	5	4	4		15		
												8	25~32	4	4	4	4		12		
⋮																					

（3）32 名运动员参赛，积分名次 1～8 名的运动员为甲级别，积分名次 9 至 16 名的运动员为乙级别，积分名次 17 至 32 名的运动员为丙级别。

第一阶段：甲级别 8 名运动员分 2 组，每组 4 名运动员；乙级别 8 名运动员分 2 组，每组 4 名运动员；丙级别 16 名运动员分 4 组，每组 4 名运动员。合计 48 场比赛。

第二阶段：甲级别两小组的第一名至第三名的 6 名运动员，决 1～6 名；甲级别第四名的 2 名运动员与乙级别两小组的第一名至第三名的 6 名运动员进行淘汰赛加附加赛，决 7～14 名；乙级别两小组的第四名运动员与丙级别四小组的第一名全第二名运动员进行淘汰赛加附加赛，决 15～24 名，丙级别四小组的第三名至第四名运动员进行淘汰赛加附加赛，决 25～32 名。合计 46 场比赛。

共计 94 场。

33 名及以上的运动员参赛，依次类推。

第三节　义乒积赛总积分排名表

本节主要介绍义乒积赛总积分的计算方法，以男子 06 级组的总积分计算表（见表 1-4）主例，计算表内含最近四站积分赛加上总决赛的名次和各站的积分折算。

第一列为本期排名，第五列为上期排名，第六列为最近这一站参加人员，第七列至第十列为各站积分折后各站的分数（如第八列为 17 年第 1 站积分＊50％），第十一列为总积分，第十二列至二十一列为各站比赛名次与积分。

男子 06 组总积分排名表中，总积分排名由四站成绩构成。2017 年第三站（2017 年 8 月 27 日）的成绩，此站成绩占 100％。根据规程第一名运动员获 170 分，折算后为 170 分。此站第一名朱＊宏 170 分，第二名刘＊滔 140 分，第三名许＊超 120 分，第四名龚吴＊扬 100 分，第五名方＊涵 80 分，第六名陈＊70 分。

表1-4 男子06级组的总积分计算表

本期排名	姓名	出生年份	协会	上期排名	参赛	积分 16-3/总 25%	17-1 50%	17-2 75%	17-3 100%	总积分	10/15/2016 16-3 名次	得分	12/24/2016 16-总决算 名次	得分	03/25/2017 17-1 得分	名次	06/18/2017 17-2 得分	名次	08/27/2017 17-3 得分	名次
		M06																		
1	朱*宏	06	实小	1	P	72.5	85	142.5	170	**470**	1	200	1	90	170	3	190	1	170	1
2	许*超	06	冠军	2	P	42.5	110	105	120	**377.5**	4	130	5	40	220	1	140	3	120	3
3	刘*滔	06	新起点	5	P	37.5	95	52.5	140	**325**	8	80	2	70	190	2	70	8	140	2
4	方*涵	06	宾王	3	P	50	75	60	80	**265**	3	150	4	50	150	4	80	7	80	5
5	龚昊*扬	06	宾王	7	P	27.5	65	67.5	100	**260**	7	90	7	20	130	5	90	6	100	4
6	陈*	06	青口	8	P	0	55	120	70	**245**					110	7	160	2	70	6
7	易*航	06	海川	6	P	50	50	75	60	**235**	2	170	6	30	100	8	100	5	60	7
8	傅*皓	06	海川	4	P	42.5	60	90	40	**232.5**	5	110	3	60	120	6	120	4	40	9
9	路*臻	06	卡卡	9	P	17.5	35	37.5	30	**120**	9	70			70	11	50	10	30	10
10	金*洋	06	实小	12	P	0	30	30	50	**110**					60	12	40	11	50	8
11	楼*翔	06	青口	10	P	0	45	45	0	**90**					90	9	60	9		

续　表

M06

本期排名	姓名	出生年份	协会	上期排名	参赛	积分 16-3/总 (25%)	积分 17-1 (50%)	积分 17-2 (75%)	积分 17-3 (100%)	总积分	10/15/2016 16-3 名次	10/15/2016 16-3 得分	12/24/2016 16-总决赛 名次	12/24/2016 16-总决赛 得分	03/25/2017 17-1 得分	03/25/2017 17-1 名次	06/18/2017 17-2 得分	06/18/2017 17-2 名次	08/27/2017 17-3 得分	08/27/2017 17-3 名次
12	陈*名	06	文豪	11		27.5	40	0	0	67.5	6	100	8	10	80	10				
13	吴*轩	06	卡卡	13		0	25	15	0	40					50	13	20	13		
14	孙*凯	06	冠军	21	P	10	0	0	20	30	12	40							20	11
15	郑*	06	佛小	18	P	0	10	7.5	10	27.5					20	16	10	14	10	12
16	龚*睿	06	冠军	14		7.5	20	0	0	27.5	13	30			40	14				
17	傅*辰	06	卡卡	15		0	0	22.5	0	22.5							30	12		
18	丁*亮	06	冠军	17		2.5	15	0	0	17.5	15	10			30	15				
19	何*伟	06	文豪	16		15	0	0	0	15	10	60								
20	马*博	06	冠军	19		12.5	0	0	0	12.5	11	50								
21	孙*轩	06	冠军	22		5	5	0	0	10	14	20			10	17				

2017 年第二站(2017 年 6 月 18 日)的成绩,此站成绩占 75%。根据规程第一名运动员获 190 分,折算后为 142.5(190 * 0.75)分.此站第一名朱 * 宏 142.5 分,第二名陈 * 120 分,第三名许 * 超 105 分,第四名傅 * 皓 90 分,第五名易 * 航 75 分,第六名龚吴 * 扬 67.5 分。

2017 年第一站(2017 年 3 月 25 日)的成绩,此站成绩占 50%。根据规程第一名运动员获 220 分,折算后为 110(220 * 0.50)分。此站第一名许 * 超 110 分,第二名刘 * 滔 95 分,第三名朱 * 宏 85 分,第四名方 * 涵 75 分,第五名龚吴 * 扬 65 分,第六名傅 * 皓 60 分。

2016 年第三站(2016 年 10 月 15 日)的成绩和 2016 年总决赛(2016 年 12 月 24 日),成绩相加,此站成绩占 25%。根据规程(第三站＋总决赛积分),朱 * 宏的第三站＋总决赛积分为 200＋90＝290 分,折算后为 72.5(290 * 0.25)。2016 年第三站和 2016 年总决赛总积分合并后,朱 * 宏 72.5 分,方 * 涵和易 * 涵都是 50 分,许 * 超和傅 * 皓都是 42.5 分。这里各有两名运动员折算后的积分相等,是因为第三站积分和总决赛的积分之合是一样的。总决赛获得的积分,合并到第三站一起计算,一是因为总决赛只有部分运动员参加,二是为了总积分计算的一致性。

第四节　义乌积赛实例

一、竞赛日程表

竞赛日程表主要将比赛日期、时间、参赛组别、比赛球台号等比赛相关的信息告知各运动队教练员、家长、运动员,方便他们准确地到达指定球台报到,并进行比赛。

2018 年义乌市乒乓球积分赛第三站竞赛日程见表 1－5,比赛在一天内完成。7:30 裁判员报到准备赛前工作,7:45 开始在各自的比赛球台上检录。上午 8:00～11:30 比赛,11:30～13:15 休息;下午 13:15 运动员报到,13:30～17:00 比赛,17:00～17:45 休息;晚上 17:45 运动员报到,18:00～21:00 比赛。

表 1－5　2018 年第三站竞赛日程表

日　　期	时　　间	项　　目	台　　号
10 月 7 日 （星期日）	7:30	裁判员报到	
	7:45 分开始检录		
	8:00	男 06 第一阶段	1～4 台
		男 07 第一阶段	5～8 台
		女 06 决 1～5 名	9～10 台
	10:00	男 06 第二阶段	1～8 台
		男 07 第二阶段	
	11:30	休息	
	13:15 分开始检录		
	13:30	男 09 第一阶段	1～5 台
		男 10 第一阶段	6～8 台
		女 09～10 第一阶段	9～10 台
	15:30	男 09 第二阶段	1～10 台
		男 10 第二阶段	
		女 09～10 第二阶段	
	17:00	休息	
	17:45 分开始检录		
	18:00	男 08 第一阶段	1～4 台
		女 07 决 1～7 名	5～7 台
		女 08 决 1～6 名	8～10 台
	20:00	男 08 第二阶段	1～4 台

每个组别都在同一节时间内完成,8:00～10:00 第一阶段比赛,10:00～11:30 第二阶段比赛。上午男子 06 组、男子 07 组、女子 06 组运动员比赛;下午男子 09 组、男子 10 组和女子 09～10 组运动员比赛;晚上男子 08 组、女子 07 组、女子 08 组运动员比赛。如男子 06 组第一阶段比赛 8:00～10:00,第二阶段比赛 10:00 开始,上午结束比赛;如男子 08 组第一阶段比赛 18:00～20:00,第二阶段比赛 20:00 开始。要让运动员们合理地安排好时间进行参赛,可以让运动员们有更多的时间去学习或参与其他的活动。

二、比赛方案表

2018 年义乌市后备人才乒乓球积分赛第三站分组比赛方案表见表 1-6。

M06 参加人数是 20 人。按方案,第一阶段比赛应该分为甲、乙、丙级进行。因为参加比赛的人当中有积分排名的运动员只有 14 名,甲级 8 名运动员可以确定,但是乙级中的 8 名运动员,有 6 名是有积分排名的,其余的运动员中哪两位运动员到乙级不好确定。为了使参赛运动员的分组更合理,我们把余下的 12 名运动员,全部确认为一个组。甲级 8 名运动员分两小组,乙级 12 名运动员分两小组。第二阶段,甲级两小组的前三名 6 名运动员,决 1～6 名;甲级两小组的第四名与乙级两小组的前三名 8 名运动员,决 7～14 名;乙级两小组的第四名至第六名 6 名运动员,决 15～20 名。

M07 参加人数是 18 人。按方案,第一阶段比赛应该分为甲、乙级进行。参加比赛的人当中有 16 名运动员有积分排名。甲级 8 名运动员分两小组,乙级 10 名运动员分两小组。第二阶段,甲级两小组的前三名 6 名运动员,决 1～6 名;甲级两小组的第四名与乙级两小组的前三名 8 名运动员,决 7～14 名;乙级两小组的第四名至第五名 4 名运动员,决 15～18 名。

M08 参加人数是 17 人。按方案,第一阶段比赛应该分为甲、乙级进行。参加比赛的人当中有 16 名运动员有积分排名。甲级 8 名运动员分两小组,

表1-6　2018年第三站分组比赛方案

人数	有积分排名	阶段1 分级	小组 组*人数	阶段1轮次1	2	3	4	5	6	7	小计	合计	阶段2 人数	分组	阶段2轮次1	2	3	4	5	小计	合计	场数总计
M06 20	14	甲	2*4	4	4	4					12	42	6	1~6	2	3	2			7	26	68
		乙	2*6	6	6	6	6	6			30		8	7~14	4	4	4			12		
													6	15~20	2	3	2			7		
M07 18	16	甲	2*4	4	4	4					12	32	6	1~6	2	3	2			7	23	55
		乙	2*5	4	4	4	4	4			20		8	7~14	4	4	4			12		
													4	15~18	2	2				4		
M08 17	16	甲	2*4	4	4	4					12	28	6	1~6	2	3	2			7	21	49
		乙	1*4	2	2	2					6		8	7~14	4	4	4			12		
		乙	1*5	2	2	2	2	2			10		3	15~17	1	1				2		
M09 12	12	甲	2*4	4	4	4					12	18	6	1~6	2	3	2			7	14	32
		乙	1*4	2	2	2					6		6	7~12	2	3	2			7		
M10 19	11	甲	2*4	4	4	4					12	37	6	1~6	2	3	2			7	24	61
		乙	1*5	2	2	2	2	2			10		8	7~14	4	4	4			12		
		乙	1*6	3	3	3	3	3			15		5	15~19	2	2				5		
W06 5	1		1*5	2	2	2	2	2			10	10										10
W07 7	7		1*7	3	3	3	3	3	3	3	21	21										21
W08 6	6		1*6	3	3	3	3	3			15	15										15
W09-10 8	7		2*4	4	4	4					12	12	4	1~4	2	2				4	8	20
													4	5~8	2	2				4		
215												215									116	331

乙级9名运动员分两小组。第二阶段,甲级两小组的前三名6名运动员,决1～6名;甲级两小组的第四名与乙级两小组的前三名8名运动员,乙级两小组的第四名至第五名3名运动员,决15～17名。

M09参加人数是12人。按方案,第一阶段比赛应该分为甲、乙级进行。参加比赛的人数当中有12名运动员有积分排名。甲级8名运动员分两小组,乙级4名运动员一组。第二阶段,甲级两小组的前三名6名运动员,决1～6名;甲级两小组的第四名与乙级4名运动员,决7～12名。

M10参加人数是19人。按方案,第一阶段比赛应该分为甲、乙、丙级进行。因参加比赛的人当中只有11名运动员有积分排名,甲级8名运动员可以确定,但是乙级中的8名运动员,有3名是有积分排名的,其余的运动员中哪五位运动员到乙级不好确定。为了使参赛运动员更合理,我们把余下的11名运动员,全部确认为一个组。甲级8名运动员分两小组,乙级11名运动员分两小组。第二阶段,甲级两小组的前三名6名运动员,决1～6名;甲级两小组的第四名与乙级两小组的前三名8名运动员,决7～14名;乙级两小组的第四名至第六名5名运动员,决15～19名。

W06参加人数是5人,有积分排名1人;W07参加人数是7人,有积分排名7人;W08参加人数是6人,有积分排名6人。按方案,这三个组进行单循环赛。

W09～10参加人数是8人,有积分排名7人。按方案,第一阶段应该不分级进行比赛,8名运动员分两小组。第二阶段,两小组的前两名的4名运动员,决1～4名,两小组的第三名和第四名4名运动员,决5～8名。

三、报名统计表

2018年义乌市后备人才乒乓球积分赛第三站"新起点乒乓"参赛人数最多,有25名运动员。整个比赛有86名男运动员、26名女运动员参加。2018年第三站各俱乐部报名统计表见表1-7。

表 1-7　2018 年第三站各俱乐部报名统计表

序号	组别	2006b		2007		2008		2009		2010a		合计
	性别	男	女	男	女	男	女	男	女	男	女	
1	宾王俱乐部	11	1	3	3			1	2	1		22
2	卡卡俱乐部	2	1	3	1	2	1			2		13
3	青口小学	1		4	1	2	3	1		1		13
4	恒谊俱乐部	2			2		5	1	9	1		21
5	新起点兵兵	2		7	2	6	1	3	2	2		25
6	海川兵兵	1							1			2
7	冠军乒乓	1		1		3			2	1		8
8	青口俱乐部		1					1				2
9	稠城一校		1			2	1	1				6
合计		20		18		17		12		19		112
			5		7		6		6		2	

四、第一阶段分组情况

2018 年积分赛第三站各组别参赛运动员的分组情况见图 1-2。男子 06 组甲级第 1 组在 1 台比赛,比赛运动员为"王 * 超/宾王/1""王 * /宾王/4""刘 * 阳/宾王/5""吴 * 阳/恒谊/7"四名运动员。"王 * 超/宾王/1"表示"姓名/单位/总积分排名",这样表示方便查看各自运动员的排名和分组情况是否合理。

8:00~11:30

M06	甲级第 1 组 1 台
1	王 * 超/宾王/1
2	王 * /宾王/4
3	刘 * 阳/宾王/5
4	吴 * 阳/恒谊/7

M06	甲级第 2 组 3 台
1	吴 * 涵/宾王/2
2	骆 * 祎/恒谊/3
3	陈 * 炎/宾王/6
4	潘 * 畅/宾王/9

M06	乙级第 1 组 2 台
1	朱 * 宏/卡卡/10
2	龚吴 * 扬/宾王/12
3	易 * 航/海川/14
4	赵 * 柯铭/新起点/26
5	武 * /冠军
6	吴 * 超/宾王

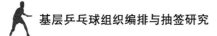

M06	乙级第2组4台
1	刘＊滔/宾王/11
2	陈＊凡/恒谊/13
3	陈＊/青口小学/15
4	宗＊宇/卡卡/23
5	童＊宇/宾王
6	周＊恺/新起点

M07	甲级第1组5台
1	吴＊源/宾王/1
2	连＊宇/新起点/4
3	吴＊硕/青口小学/7
4	黄＊安/新起点/9

M07	甲级第2组6台
1	龚＊楷/新起点/2
2	吴＊错/青口小学/3
3	周＊颉/新起点/6
4	张＊轩/卡卡/8

M07	乙级1组7台
1	吴＊睿/宾王/10
2	金＊涵/青口小学/14
3	楼＊晨/卡卡/16
4	陈＊函/冠军/20
5	何＊昊/青口/26

M07	乙级2组8台
1	朱＊来/新起点/12
2	刘＊颖/卡卡/13
3	陈＊彬/新起点/15
4	吴＊超/青口小学/18
5	商＊靖/宾王/31

W06	1组9-10台
1	陈＊一/卡卡/2
2	盛＊曦/恒谊/3
4	吴＊雅/宾王/5
5	唐＊婕/稠城一校
6	胡＊洋/青口

13：30～17：00

M09	甲级第1组1台
1	阮＊程/恒谊/1
2	林＊恒/新起点/4
3	郭＊峤/卡卡/5
4	王＊程/恒谊/8

M09	甲级第1组2台
1	吴＊磊/恒谊/2
2	郑＊辰/冠军/3
3	吴＊葳/恒谊/7
4	吴＊泽/青口小学/10

M09	乙级第1组3台
1	陈＊/新起点/11
2	潘＊/稠一/12
3	何＊涛/新起点/17
4	喻＊灏/恒谊

M10	甲级第1组4台
1	吴＊胜/青口小学/1
2	王＊岩/恒谊/4
3	余＊昊/新起点/5
4	何＊韬/恒谊/8

M10	甲级第2组5台
1	赵＊皓/恒谊/2
2	周＊宇/卡卡/3
3	黄＊嘉/恒谊/6
4	黄＊统/恒谊/7

M10	乙级第1组6～7台
1	吴＊玮/海川/9
2	杨＊谦/冠军/15
3	俞＊/新起点
4	孔＊欣/恒谊
5	倪＊博/恒谊

M10	乙级2组8台
1	楼＊洋/稠一/11
2	徐＊远/宾王/13
3	徐＊墨/恒谊
4	盛＊瑜/恒谊
5	黄＊鸿/冠军
6	邬＊栋/卡卡

W09-10	甲级第1组9台
1	童＊云/新起点/1
2	吴＊悦/宾王/4
3	叶＊菲/青口/5
4	胡＊晗/冠军

W09-10	甲级第2组10台
1	吴＊楠/宾王/2
2	马＊冰/恒谊/3
3	康＊珊/青口/6
4	欧＊晶/恒谊/8

18：00～

M08	甲级第1组1台
1	吴*辉/青口小学/1
2	任*康/恒谊/4
3	李*纬/新起点/5
4	林*磊/新起点/8

M08	甲级第1组2台
1	何*敏/卡卡/2
2	王*涵/恒谊/3
3	陈*天/卡卡/6
4	张*恺/新起点/7

M08	乙级第1组3台
1	吴*诚/青口小学/9
2	李夏*周/冠军/17
3	毛*元/稠一/21
4	陈*翔/新起点/25

M08	乙级第1组4台
1	杨*昊/冠军/10
2	楼*铭/新起点/13
3	隋*达/冠军/22
4	黄*哲/海川/29
5	骆*羽/稠一

W07	1组5-7台
1	黄*轩/宾王/1
2	朱*澄/新起点/2
3	黄*歆/新起点/3
4	王*君/宾王/4
5	王*琪/青口小学/5
6	陈*涵/卡卡/6
7	王*妃/宾王/10

W08	1组8～10台
1	吴*妤/青口小学/1
2	冯*/青口小学/2
3	朱*卿/新起点/3
4	吴*悠/青口小学/4
5	丁*艺/卡卡/5
6	郑*飞/稠一/6

图1-2　参赛运动员比赛分组台号与时间分组情况

男子06组第一阶段A级第1组和第2组循环赛成绩和名次见图1-3。

A组第1组	1	2	3	4	积分	计算	名次
1 王*超/宾王/1 M06		2：3 10，-10 9，-8，-4	2：3 -7，4 -9，6，-6	1：3 13，-10 -8，-8	3		4
2 王　*/宾王/4 M06	3：2 …… 2		1：3 -10，10 -2，-7	1：3 7，-7 -7，-8	4		3
3 刘*阳/宾王/5 M06	3：2 …… 2	3：1 …… 2		3：2 5，8 -9，-8，6	6		1
4 吴*阳/恒谊/7 M06	3：1 …… 2	3：1 …… 2	2：3 …… 1		5		2

A组第2组	1	2	3	4	积分	计算	名次
1 吴*涵/宾王/2 M06	＼	0：3 −9,−8,−6	3：2 8,−6 7,−9,11	3：1 6,−8 6,7	5		2
2 骆*祎/恒谊/3 M06	3：0 …… 2	＼	3：1 7,−6 5,7	3：1 −9,7 4,9	6		1
3 陈*炎/宾王/6 M06	2：3 …… 1	1：3 …… 1	＼	3：1 −10,4 9,10	4		3
4 潘*畅/宾王/9 M06	1：3 …… 1	1：3 …… 1	1：3 …… 1	＼	3		4

图1-3 男子06组A级组第一阶段成绩

男子06组第一阶段B级第1组和第2组循环赛成绩和名次见图1-4。

B组第1组	1	2	3	4	5	6	积分	计算	名次
1 朱*宏/ 卡卡/10 M06	＼	0：3 −5,−8, −9	3：2 −10, −5 5,7,9	3：0 7,6,2	3：0 2,7,4	3：1 3,7 −7,7	9		2
2 龚吴*扬/ 宾王/12 M06	3：0 …… 2	＼	3：2 8,7 −10,−5,5	3：0 5,7,5	3：0 4,2,10	3：2 7,−13 −7,8,8	10		1
3 易*航/ 海川/14 M06	2：3 …… 1	2：3 …… 1	＼	3：0 8,4,4	3：0 6,4,4	3：2 9,7 −7,−9,6	8		3
4 赵*铭/ 新起点/26 M06	0：3 …… 1	0：3 …… 1	0：3 …… 1	＼	3：0 5,6,9	0：3 −14 −8,−4	6		5
5 武*/ 冠军 M06	0：3 …… 1	0：3 …… 1	0：3 …… 1	0：3 …… 1	＼	0：3 −5, −3,−4	5		6
6 吴*超/ 宾王 M06	1：3 …… 1	2：3 …… 1	2：3 …… 1	3：0 …… 2	3：0 …… 2	＼	7		4

B组第2组	1	2	3	4	5	6	积分	计算	名次
1 刘＊滔/ 宾王/11 M06		3：W-0 …… 2	1：3 -10，-8 4，-10	3：0 6，7，9	2：3 8，3 -5，-9，-8	3：1 7，-10 6，6	8		3
2 陈＊凡/ 恒谊/13 M06	W-0：3 …… 0		W-0：3 …… 0	W-0：3 …… 0	W-0：3 …… 0	W-0：3 …… 0	0		6
3 陈＊/青口 小学/15 M06	3：1 …… 2	3：W-0 …… 2		3：1 -6，9 4，7	2：3 -7，-7 5，10，-9	3：2 -11，-7 6，9，5	9		2
4 宗＊宇/ 卡卡/23 M06	0：3 …… 1	3：W-0 …… 2	1：3 …… 1		1：3 -7，-9 8，-5	0：3 -3，-11， -7	6		5
5 童＊宇/ 宾王 M06	3：2 …… 2	3：W-0 …… 2	3：2 …… 2	3：1 …… 2		3：0 10，4，2	10		1
6 周＊恺/ 新起点 M06	1：3 …… 1	3：W-0 …… 2	2：3 …… 1	3：0 …… 2	0：3 …… 1		7		4

图1-4 男子06组A级组第一阶段成绩

五、男子06组第二阶段编排

1. 男子06组决1～6名

根据竞赛规程，甲级组两个第一名，第一轮轮空。

第一步：甲级第1组第一名"刘＊阳/宾王/5"与甲级第2组第一名"骆＊祎/恒谊/3"，因骆＊祎总积分排名在第3名，刘＊阳总积分排名在第5名，所以"骆＊祎/恒谊/3"进入1号位置，"刘＊阳/宾王/5"进入8号位置。

第二步：甲级第1组第二名"吴＊阳/恒谊/7"与甲级第2组第二名"吴＊涵/宾王/2"。第1组第二名"吴＊阳/恒谊/7"进入与第1组第一名"刘＊阳/宾王/5"不在同一半区的4号位置；第2组第二名"吴＊涵/宾王/2"

1	骆＊祎/恒谊/3
2	轮　空
3	陈＊炎/宾王/6
4	吴＊阳/恒谊/7
5	吴＊涵/宾王/2
6	王　＊/宾王/4
7	轮　空
8	刘＊阳/宾王/5

图 1-5　男子 06 组决 1～6 名

进入与第 2 组第一名"骆＊祎/恒谊/3"不在同一半区的 5 号位置。

第三步：甲级第 1 组第三名"王＊/宾王/4"、甲级第 2 组第三名"陈＊炎/宾王/6"，与甲级第 1 组第二名"吴＊阳/恒谊/7"、甲级第 2 组第二名"吴＊涵/宾王/2"比赛。因为第一轮不能是同小组相遇，所以"王＊/宾王/4"进入 6 号位置，"陈＊炎/宾王/6"进入 3 号位置(见图 1-5)。

2. 男子 06 组决 7～14 名

第一步：甲级第 1 组第四名"王＊超/宾王/1"与甲级第 2 组第四名"潘＊畅/宾王/9"，因为王＊超总积分排名在第 1 名，潘＊畅总积分排名在第 9 名，所以"王＊超/宾王/1"进入 1 号位置，"潘＊畅/宾王/9"进入 8 号位置。

第二步：乙级第 1 组第一名"龚吴＊扬/宾王/12"与乙级第 2 组第一名"童＊宇/宾王"，因为龚吴＊扬总积分排名在第 12 名，童＊宇无总积分排名，所以"龚吴＊扬/宾王/12"进入 5 号位置，"童＊宇/宾王"进入 4 号位置。

第三步：乙级第 1 组第二名"朱＊宏/卡卡/10"、乙级第 2 组第二名"陈＊/青口小学/15"，与乙级第 1 组第一名"龚吴＊扬/宾王/12"、乙级第 2 组第一名"童＊宇/宾王"比赛。因为第一轮不能是同小组相遇，所以"朱＊宏/卡卡/10"进入 3 号位置，"陈＊/青口小学/15"进入 6 号位置。

第四步：乙级第 1 组第三名"易＊航/海川/14"与乙级第 2 组第三名"刘＊滔/宾王/11"，因为刘＊滔总积分排名在 11 名，易＊航总积分排名在 14 名，所以"刘＊滔/宾王/11"进入 7 号位置，"易＊航/海川/14"进入 2 号位置。由于"潘＊畅/宾王/9"与"刘＊滔/宾王/11"属于同一单位，第一轮就相遇，所以"刘＊滔/宾王/11"要和"易＊航/海川/14"调换 2 号与 7 号位置。但是调换后发现，"王＊超/宾王/1"与"刘＊滔/宾王/11"还是属于同一单位，就没办法交换，所以"刘＊滔/宾王/11"还是在 7 号位置，"易＊航/海川/14"还是在 2 号位置(见图 1-6)。

1	王＊超/宾王/1
2	易＊航/海川/14
3	朱＊宏/卡卡/10
4	童＊宇/宾王
5	龚吴＊扬/宾王/12
6	陈　＊/青口小学/15
7	刘＊滔/宾王/11
8	潘＊畅/宾王/9

图 1-6　男子 06 组决 7～14 名

3. 男子 06 组决 15～20 名

余下 6 名运动员，有 8 个位置号，2 名运动员轮空。

第一步：乙级第 1 组第四名"吴＊超/宾王"与乙级第 2 组第四名"周＊恺/新起点"，两位运动员都没有总积分排名，于是根据组别，"吴＊超/宾王"进入 1 号位置，"周＊恺/新起点"进入 8 号位置。

第二步：乙级第 1 组第五名"赵＊铭/新起点/26"与乙级第 2 组第五名"宗＊宇/卡卡/23"，因为宗＊宇总积分排名在 23 名，赵＊铭总积分排名在 26 名，所以"宗＊宇/卡卡/23"进入 5 号位置，"赵＊铭/新起点/26"进入 4 号位置。

第三步：乙级第 1 组第六名"武＊/冠军"、乙级第 2 组第六名"陈＊凡/恒谊/13"，与乙级第 1 组第五名"赵＊铭/新起点/26"、乙级第 2 组第五名"宗＊宇/卡卡/23"比赛，因为第一轮不能是同小组相遇，所以"武＊/冠军"进入 6 号位置，"陈＊凡/恒谊/13"进入 3 号位置（见图 1-7）。

```
1    吴 ＊ 超/宾王
2    轮　空
3    陈 ＊ 凡/恒谊/13
4    赵 ＊ 铭/新起点/26
5    宗 ＊ 宇/卡卡/23
6    武 ＊ /冠军
7    轮　空
8    周 ＊ 恺/新起点
```

图 1-7　男子 06 组决 15～20 名

六、男子 06 组总决赛第一阶段

总决赛采用两次循环赛进行。

参加男子 06 组总决赛的运动员是总积分排名前八名的运动员。

第一阶段采用循环赛，循环赛根据蛇形排列分组。第一组运动员是积分排名第一名、第四名、第五名、第八名的运动员；第二组运动员是积分排名第二名、第三名、第六名、第七名的运动员。因为"吴＊阳/恒谊/7"与"骆＊

祎/恒谊/2"属于同一单位,所以"吴＊阳/恒谊/7"与同一批次的"朱＊宏/卡卡/8"交换,"吴＊阳/恒谊/7"进入第1组4号位置,"朱＊宏/卡卡/8"进入第2组4号位置(见图1-8)。

第1组	1	2	3	4	积分	计算	名次
1 吴＊涵/宾王/1 Mb06		1：3 −9,6 −4,−5	0：3 −4,−2,−8	3：2 5,10 −6,−9,10	4	2	3
2 王＊超/宾王/4 Mb06	3：1 …… 2		2：3 −7,−8 5,2,−4	3：1 3,−8 9,9	5	1	2
3 刘＊阳/宾王/5 Mb06	3：0 …… 2	3：2 …… 2		0：3 −9,−5,−8	5	2	1
4 吴＊阳/恒谊/7 Mb06	2：3 …… 1	1：3 …… 1	3：0 …… 2		4	1	4

第2组	1	2	3	4	积分	计算	名次
1 骆＊祎/恒谊/2 Mb06		0：3 −9,−8,−4	3：2 8,−9 −10,11,5	3：0 6,11,5	5		2
2 王＊/宾王/3 Mb06	3：0 …… 2		3：2 −3,−7 8,3,12	3：1 7,5 −9,7	6		1
3 陈＊炎/宾王/6 Mb06	2：3 …… 1	2：3 …… 1		3：2 4,6 −8,−9,7	4		3
4 朱＊宏/卡卡/8 Mb06	0：3 …… 1	1：3 …… 1	2：3 …… 1		3		4

图1-8　男子06组总决赛第一阶段成绩

(第一阶段成绩带入第二阶段)

七、男子 06 组总决赛第二阶段

第二阶段比赛,采用循环赛。

第一阶段两小组的前两名组成一个组,决 1～4 名。第一阶段相遇过的运动员刘＊阳对王＊超、王＊对骆＊祎,比赛成绩直接带入第二阶段进行循环赛计算。

比赛结果:第一名骆＊祎、第二名刘＊阳、第三名王＊超、第四名王＊(见图 1-9)。

	1	2	3	4	积分	计算	名次
1 刘＊阳/宾王/5 Mb06		3：2 7,8 —5,—2,4	3：0 5,6,7	2：3 —2,10 6,—6,—7	5	1	2
2 王＊超/宾王/4 Mb06	2：3 …… 1		3：0 9,7,6	1：3 —7,9 —9,—8	4	2	3
3 王＊/宾王/3 Mb06	0：3 …… 1	0：3 …… 1		3：0 9,8,4	4	1	4
4 骆＊祎/恒谊/2 Mb06	3：2 …… 2	3：1 …… 2	0：3 …… 1		5	2	1

图 1-9　男子 06 组决 1～4 名成绩

第一阶段两小组的第三名与第四名组成一个组,决 5～8 名。第一阶段相遇过的运动员吴＊涵对吴＊阳、陈＊炎对朱＊宏,比赛成绩直接带入第二阶段进行循环赛计算。比赛结果:第五名吴＊涵、第六名吴＊阳、第七名陈＊炎、第八名朱＊宏(见图 1-10)。

	1	2	3	4	积分	计算	名次
1 吴＊涵/宾王/1 Mb06		3：2 5,10 −9,−6,10	3：0 8,6,2	3：0 5,2,5	6		5
2 吴＊阳/恒谊/7 Mb06	2：3 …… 1		3：0 8,11,10	3：0 4,9,3	5		6
3 陈＊炎/宾王/6 Mb06	0：3 …… 1	0：3 …… 1		3：2 4,6 −8,−9,7	4		7
4 朱＊宏/卡卡/8 Mb06	0：3 …… 1	0：3 …… 1	2：3 …… 1		3		8

图 1－10　男子 06 组决 5～8 名成绩

第五节　义乒积赛策划与组织方法研究

义乌市体育局为了让我市后备人才乒乓球运动有一个展示自我的平台,从 2010 年至 2012 年,每年举办四站乒乓球积分赛,共举办 12 站(9 站分站赛＋3 站年度总决赛),深受我市广大青少年喜爱,有 11 个俱乐部、近 200 名运动员参赛过积分赛。

比赛开展的三年中,参赛人数逐渐增多,赛事的影响不断增强。比赛以健身、竞技等为主要目的,能充分调动参赛者的兴趣和积极性,有效发挥乒乓球健身性和竞技性的特点,对促进全民健身活动长期稳定的发展和乒乓球运动的发展有着积极的推动作用。

一、相关问题的研究现状

通过查询中国知网及乒乓球各相关网站,笔者发现,全国、全省性的乒乒球积分赛是一直在开展的,如中国乒乓球会员联赛、江苏仪征彩虹乒乓球俱乐部推出的季度积分赛、浙江省中小学生乒乓球积分赛等。但是县市级后备人才乒乓球积分赛的开展是比较少的,关于积分赛赛制的文献资料就更少了。国内外关于各积分赛的文献有:孙夷茜《中国乒乓球协会会员制现状及发展的研究》,通过调查研究中国乒乓球会员制的起源、发展、实施策略、赛事活动及存在问题,认为 2007、2008 年中国乒协推出的会员联赛对会员制的发展起到了很好的带动和示范作用;张瑛秋,孙晖晓《全民健身电脑积分系统的研制》,在较全面细致地了解中国乒协会员制乒乓球比赛中会员积分特点的基础上,确定了科学有效的、切实可行的各级各类会员的排名原则及各级各类比赛的权重,编制了全民健身电脑积分系统。

二、对调查问卷的研究

笔者以 2010 年至 2012 年共举办 12 站的义乌市后备人才乒乓球积分赛为研究对象。对义乒积赛的各参赛俱乐部、参赛运动员进行随机性问卷调查,问卷调查的内容涉及参赛的目的、报名费用、参赛次数等等。发放问卷 150 份,回收 146 份,有效问卷 146 份,回收率 97.3%。

积分赛的宣传工作是赛事成功举办的前提,义乒积赛的前期宣传是以文件和体育局网站的通知进行,比赛期间宣传是在赛场主入口设置拱门和气球,在赛场周边张贴海报和横幅,比赛结束宣传是在体育局网站上进行成绩公告。

积分赛组织工作是否有序直接关系到比赛能否成功举办,义乒积赛的组织工作主要是由市乒协负责,比赛的临场裁判和编排工作主要由义乌工商职业技术学院的老师和学生负责。义乒积赛组织结构图见图 1 - 11。

义乌市乒乓球积分赛 2010 年至 2012 年共举办 12 站比赛,包含 9 站 + 3 站总决赛,图 1 - 12 为 9 站的各站参赛人数统计,2010 年第一站总人数为 82 人(男 58、女 24),2012 年第三站总人数为 131 人(男 89、女 42),每站的参赛人数都在逐渐增多。

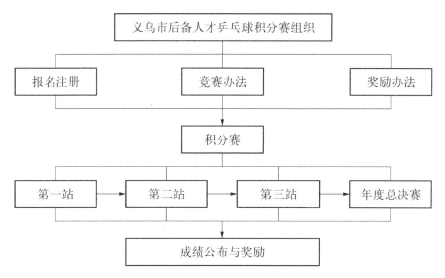

图 1-11 义乒积赛组织结构图

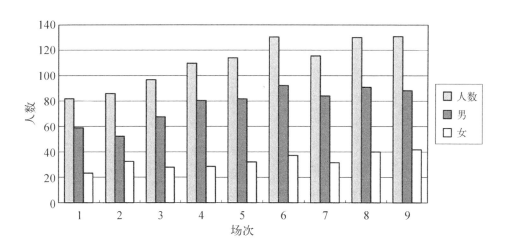

图 1-12 各站积分赛人数统计

从表 1-8 中可以看出不同年龄段的参赛目的是不一样的。2004 年后 8 岁以下的运动员中,增强体质锻炼身体排在第一位,占 27.3%,提高心理和技术水平分别占了 25.5% 和 23.6%;9 岁和 10 岁之间的运动员,排在前两位的是提高技术水平和争取名次,占了 31.6% 和 26%;11 岁以上的运动员的主要目的就是争取名次和奖励,占了 31.8%。

表 1-8　不同年龄被调查对象参赛目的情况表(N=146)

锻炼的目的	2001 年以上		2002 年～2003 年		2004 年以下	
	频数	%	频数	%	频数	%
增强体质	15	17.6%	35	20.2%	45	27.3%
提高心理状态	18	21.2%	30	17.4%	42	25.5%
提高技术水平	22	25.9%	55	31.8%	39	23.6%
争取名次和奖励	27	31.8%	45	26%	33	20%
其他	3	3.5%	8	4.6%	6	3.6%
合　计	85	100%	173	100%	165	100%

通过以上分析可知,不同年龄段运动员参赛的目的有所不同,年龄小的运动员主要是以锻炼身体、增强体质为目的,年龄越大的运动员对技术水平、取得比赛名次的要求越高。

义乌积赛按照出生年份、性别进行分组,根据实际报名人数的多少或原有总积分排名情况,依据各自的组别,分成甲级 8 人(1～8 名)、乙级 8 人(9～16 名)、丙级(17 名以后的运动员),分级后再根据人数进行小组循环赛。笔者对 146 名运动员参加义乌积赛的分组、分级情况进行调查,从表1-9 中可以看出,认为积分赛按年龄组别分合理的占 88.3%,认为同年龄按水平高低分级别合理的占 76.6%,说明积分赛的分组、分级得到了多数参赛运动员的认可。

表 1-9　分组、分级情况调查表(N=146)

	频数	合理	频数	不合理
积分赛按年龄组别分是否合理	129	88.3%	17	11.7%
同年龄按水平高低分级别是否合理	112	76.7%	34	23.3%

义乌积赛是通过两阶段的抽签编排进行的,每一个阶段都要依据总积分高低情况。

第一阶段编排先根据分级数(见表1-10)男02组有21名运动员参加比赛,21名运动员当中有19名有积分名次,有2名是第一次参加比赛。按照分级的要求前8名为A级,分2组,9~16名为B级,也分2组,后5名运动员为C级,为1组。再通过报名参赛运动员上期排名前后排序,用基本蛇形排列原则分2组依次进位,如遇到同一个小组有2名以上运动员,就要合理分开,进行实力指数同级微调。

根据蛇形排列方法,义乌积赛第一阶段分组循环情况见表1-10。

表1-10 义乌积赛第一阶段分组循环

男02 A级		男02 B级		男02 C级
1组	2组	1组	2组	1组
楼 * 庭/宾王/1	朱　*/宾王/2	吴 * 阳/宾王/9	王 * 昭/青口小/10	蒋 * 乐/苏溪/17
金 * 航/海川/4	宗 * 涵/稠一小/3	王 * 一/稠一小/12	吴 * 杰/卡卡/11	华 * 扬/宾王/18
杨 * 帆/稠一小/5	龚 * 亮/稠一小/6	马 * 宇/卡卡/14	陶 * 诚/青口小/13	叶 * 语/卡卡/22
成 * 骏/稠一小/7	李　*/海川/8	安 * 军/青口小/16	叶 * 宇/卡卡/15	王 * 毅/杨文豪俱乐部/陈 * /群星学校/

注:楼 * 庭/宾王/1,分别代表:姓名/单位/总积分名次

第二阶段编排依据小组循环赛组数、名次和运动员上期排名并采用跟种子方式依次进位。通过义乌积赛两阶段的比赛,决出所有参赛运动员的名次。A级两小组的前三名,共6人,决1~6名;A级两小组的第四名和B级两小组的前三名,共8人,决7~14名;B级两个第四名和C级的运动员进行比赛,决出名次(见表1-11)。

总积分根据该组别实际参赛人数和所获得名次进行计算,采用名次越前积分越高原则,制定换算积分方法,再综合最近四站积分,采用累积分形式,具体计算公式如下:排名总积分 = $\sum$(各站比赛所获得分数 × 时间递减系数)。

表 1-11 义乒积赛第二阶段编排方案

男02决1～6名		男02决7～14名		男02决15～21名	
姓 名	小组名次	姓 名	小组名次	姓 名	小组名次
1 楼 * 庭/宾王/1	(A级1组第1名)	1 龚 * 亮/稠一小/6	(A级2组第4名)	1 王 * 一/稠一小/12	(B级1组第4名)
2 轮空		2 马 * 宇/卡卡/14	(B级1组第3名)	2 轮空	
3 杨 * 帆/稠一小/5	(A级1组第3名)	3 安 * 军/青口小/16	(B级1组第2名)	3 叶 * 语/卡卡/22	(C级1组第3名)
4 宗 * 涵/稠一小/3	(A级2组第2名)	4 吴 * 杰/卡卡/11	(B级2组第1名)	4 蒋 * 乐/苏溪/17	(C级1组第2名)
5 金 * 航/海川/4	(A级1组第2名)	5 吴 * 阳/宾王/9	(B级1组第1名)	5 华 * 扬/宾 王/18	(C级1组第1名)
6 李 * /海川/8	(A级2组第3名)	6 王 * 昭/青口小/10	(B级2组第2名)	6 王 * 毅/文豪俱乐部	(C级1组第4名)
7 轮空		7 陶 * 诚/青口小/13	(B级2组第3名)	7 陈 * /群星学校/	(C级1组第5名)
8 朱 * /宾王/2	(A级2组第1名)	8 成 * 骏/稠一小/7	(A级1组第4名)	8 叶 * 宇/卡卡/15	(B级2组第4名)

注：1楼 * 庭/宾王/1(A级1组第1名),意思是：A级别第1小组第1名的楼旭庭排在1号位置。

笔者对146位运动员进行了调查,询问他们积分赛换算需几站比较合理,认为6站合理的占了47.9%,认为4站合理的占了39.7%,说明目前积分赛采用近4站成绩拿来换算还不是很合理(见表1-12)。

表 1-12 积分赛的积分换算需几站比较合理(单位：N＝146)

	2站	4站	6站	8站
积分赛的积分换算需几站比较合理	6.9%	39.7%	47.9%	5.5%

义乒积赛的每年第四站为年度总决赛,参赛者为各组别总积分排名的前八名,而且必须参加过当年2站及以上比赛,并依据实际报名情况依次递

补,比赛采用单循环赛方式进行。义乒积赛 12 站的前六名,均由义乌市体育局颁发荣誉证书,总决赛前六名都有一定数量的奖金。

三、结论与建议

报名、注册是积分赛举行的准备工作,快速准确的报名是积分赛举行的保障。报名要采用先注册,再通过义乌市体育局网站报名的方式进行,从而减轻工作人员的工作量,减少人员统计,提高了准确率。

义乒积赛的方案制定是策划与组织的核心,积分赛前期的宣传、比赛的组织、编排方案、积分换算方法、奖励办法等直接影响积分赛实施的效果。比赛组织比较有序,竞赛规程的制定相对合理。但是赛前宣传的形式比较单一,宣传应通过网络、电视、报纸等多渠道进行,可对整年的义乒积赛加以赞助商的冠名。

义乒积赛为参赛运动员提高技术、增强体质等搭建平台,经过 3 年 12 站比赛,积分赛的影响范围逐渐扩大,各俱乐部形象得到提升,为乒乓球参赛运动员提高身体素质、稳定心理状态、提升技术水平等提供了良好的锻炼平台。

义乒积赛的参赛运动员的男女比例、年龄等方面不平衡。义乒积赛参赛者男多女少,女子有的组别在 5 人以下,参赛的运动员多为小学生,初中生很少,高中生一个都没有。各俱乐部要培养不同年龄段运动员,特别要重点培养女运动员。

义乒积赛具有参与性、竞争性和趣味性,2010 年举办之初参赛者 60 多人,到 2012 年参加积分赛的人有 140 人左右。每年都有近 30 人左右的增加。义乒积赛的运动员,都要经过两个阶段的比赛(小组循环赛和淘汰赛加附加赛)才能得出所有的名次。通过最近四站比赛的积分折算后相加,确定总积分名次。把每一站比赛的结果综合起来,使之激发运动员的兴趣,吸引更多的运动员长期、持久地参与乒乓球积分赛。

义乒积赛的奖励形式要多样化,积分赛的奖励除了荣誉证书和奖金之外,在荣誉方面还可以在市体育局网站上公布每一站后的成绩和排名,在市乒协网站上悬挂前八名的运动员照片等,在实物方面可以奖励乒乓球器材装备,对前三名的运动员组织外出比赛,对前几名的运动员邀请优秀教练员进行免费辅导等。

在义乒积赛编排方案方面,第一阶段中同小组内属于同一单位的运动员如何调整,第二阶段中第一轮属于同一单位的运动员相遇如何调整,还有第一阶段运动员弃权后如何编排第二阶段等都要有明确的说明。如第一阶段遇到相同协会的运动员在同一小组,有如下几种调整方法:① 名次越靠后的先调整;② 应向同一档的名次低者调整;③ 在同一档内调整先前一名,再后一名次,再可范围扩大到同一档次其他运动员;④ 不可跃档调整。第二阶段依据运动员上期排名并采用跟种子方式依次进位,同小组运动员上下半区分开,同协会运动员第一轮尽可能不相遇。第一阶段弃权的运动员,根据分级情况,编入同级,名次为同级的最后一名。

义乒积赛总决赛分两阶段进行。第一阶段根据总积分再按蛇形依次排列,分两组进行循环赛。第二阶段根据第一阶段的名次,两小组前两名运动员为一组,再进行循环赛,决1～4名;后两名运动员为一组,再进行循环赛,决出5～8名。第一阶段的成绩带入第二阶段。

第二章

义乌市乒乓球俱乐部超级联赛

第一节　义乒联赛比赛办法

义乌市乒乓球俱乐部超级联赛(简称义乒联赛),每年于下半年进行,主办单位为义乌市体育总会,每年的承办单位为义乌市乒乓球协会。2010 年的比赛于 10 月 25 日至 11 月 25 日在义乌市宾王中学乒乓馆举行,来自本市的 8 支代表队、32 名运动员参赛。

一、义乒联赛的赛制

(一) 比赛方法

义乒联赛赛制的出场顺序如表 2－1 所示,比赛采用五盘三胜制,由四盘单打和一盘双打组成,主、客队赛前由双方抽签确定。每队必须有四名队员参赛;一名运动员在同一团体赛中最多出场 2 次;前三场必须不少于 3 人出场,赛至第四场时 4 人必须全部出场;A 和 X 不得参加第三场双打配对;比赛前教练应在团体赛排名表上至少填写前两场比赛队员,第二场结束前递交完整团体赛排名表。

表 2－1　出场顺序

	主　队		客　队
第一盘	A		W
第二盘	B		X

	主　队		客　队
第三盘		双打	
第四盘	C(D)		Y(Z)
第五盘	A		X

（二）报名注册办法

参赛俱乐部于当年前向市乒协缴纳注册费，未通过注册的俱乐部不得参加摘牌和比赛；运动员必须是义乌市乒乓球协会会员（退役的专业运动员需年满 35 周岁）；上届的俱乐部运动员允许互相流动（在校学生不得参赛）；各注册俱乐部可摘报运动员 4～5 名（男女不限），每队报领队 1 名，教练员 1 名。比赛开始后，各俱乐部不得以任何理由更换补充报名人员。

（三）竞赛方法

采用先循环后淘汰的两个阶段进行比赛。第一阶段由 8 个参赛俱乐部进行单循环比赛，按积分高低决定名次。如积分相同，名次应按他们相互之间比赛的成绩决定，首先计算他们之间获得的积分，再根据需要计算个人比赛场次、局的胜率计算分，其成绩作为第二阶段比赛分组、排序的依据。第一阶段排名第 1～4 名的俱乐部组成争冠组。第二阶段争冠组的两轮淘汰赛，每轮均采用三场两胜制，从而决出冠军。第二阶段争冠组的首轮被淘汰的俱乐部不再参加争夺 3、4 名的附加赛，最终排名按第一阶段成绩排名先后排列。第二阶段争冠组的比赛中，第一阶段排名第一名和第二名的俱乐部分别进入淘汰赛的第 1 号和第 4 号位，排名第三名和第四名的通过全自助卡片式抽签进入第 2 号和第 3 号位。

（四）各俱乐部的组成

各俱乐部向市乒协提出申请，申请通过后上交 5 000 元注册费。各俱乐部的运动员必须是本市户籍的长期居民，以身份证为准。所有的运动员经过每年一次注册并参加市乒乓球精英赛排名。各俱乐部中允许有一名本单位的运动员定为本队1号种子或2号种子。冠名单位允许优先选定2名运动员,确定为本队的1号种子和2号种子。各俱乐部其他几名运动员由各俱乐部通过两轮抽签挑选,第一轮签挑选本队的1号种子和2号种子,第二轮签再挑选本队的3号、4号运动员。第一轮和第二轮签都按大小顺序蛇形轮转法。如A、B、C、D4个队抽签,先抽顺序号,假设抽出的顺序是A队、C队、D队、B队。那么第一轮挑选运动员的顺序是A队—C队—D队—B队挑选1号种子的运动员,再按B队—D队—C队—A队的顺序挑选2号种子的运动员,每次挑一名运动员;第二轮各俱乐部的两名运动员的抽签挑选方式同上。冠名单位从第二轮开始抽选运动员。

二、义乌联赛的特点

联赛排兵布阵阵型多样化。从义乌联赛的赛制(见表2-2)中可以看出各队在被抽到客队时,每场团体赛中都会有很大的布阵变化,35场团体赛中有69%的变换阵型率,如绣水队客队的5场比赛中,变换了5种阵型,变换阵型率达到了100%。

表2-2 35场团体赛阵型变换情况(以客队为例)

队　名	场	变换阵型次	变换阵型率
1. 卡卡	3	2	67%
2. 邮政	4	4	100%
3. 电力	7	5	71%
4. 机关	1	1	100%
5. 哈森	6	3	50%
6. 金迪	2	1	50%
7. 绣水	5	5	100%
8. 宾王	7	3	43%
	35	24	69%

联赛双打项目呈现多变性。义乌联赛的第三场是双打,双打名单可在第二场单打之后排定,前两盘如比分是 1∶1 或 2∶0 对主客队的排兵布阵都非常关键。各有三种组合(主队为 B/C、B/D、C/D,客队为 X/Y、X/Z、Y/Z)。

联赛精彩性和观赏性更强。从主客队的出场顺序可以看出,第五盘为本队都是 1 号的人相遇,增强了比赛的观赏性。从表 2-3 中可以看出 35 场球团体赛中有 48.5% 的场次是比到第五盘。

表 2-3　35 场团体赛每盘比分情况

	3∶0	3∶1	3∶2
第　阶段 28 场	4	10	14
第二阶段 7 场	2	2	3
合　　计	6	12	17

联赛更能提升团队实力。义乌联赛的赛制中无论是主队(A、B、C、D)还是客队(W、X、Y、Z),每场团体赛有 4 名队员参赛。如只有 3 名运动员参赛就意味着要放弃其中的一盘比赛。从义乌联赛的出场顺序里可以看出,主队的第二盘、第四盘单打和客队的第一盘、第四盘单打有可能是本队的 2 号、3 号、4 号队员。假如卡卡队同邮政队比赛,卡卡队由华红樱(简称 1)、冯勤荣(简称 2)、陈凤仪(简称 3)、吴勇敢(简称 4)组成,邮政队由蒋鸣(简称 1)、陈规民(简称 2)、来永杭(简称 3)、王瑜彬(简称 4)组成。4 人出场的五盘三胜制,根据数学上的排列组合($C_4^1 C_3^1 C_2^1 \times C_4^1 C_3^1 C_2^1$),将出现 576 类组合,每类组合有 16 种对阵方式,则共产生 9 216 种对阵方式。大大增加了团体比赛出场对手的偶然性,对俱乐部的整体实力要求更高。

主客队获胜率趋于平衡。从本赛制的特点看,比赛次序对于主、客队优势不是很明显,抽到主队的 1 号出场打第一盘,客队的 1 号出场打第二盘,主队有可能会在第一盘先领先,有一定的心理上的优势。至于连场情况,主队有可能第二盘与第三盘或第三盘与第四盘连场。客队连场只会出现在第三盘与第四盘之间,主客队都有可能出现连场。但是从这次的主客队的胜率来讲,客队的胜率是 54%。

联赛更注重媒体宣传。义乌联赛的成功举办,离不开新闻媒体(义乌市广播电视台与义乌商报等)的大力支持,义乌电视台的《义乌新闻》《同年哥讲新闻》和《义乌商报》等栏目对本次赛事全程进行跟踪报道。

三、义乌联赛赛制研究

双打配对对比赛成绩产生了很大影响。义乌联赛中,约有82.9%的双打获胜的队,在团体比赛也都取得了胜利,在打满第五盘的比赛结果中有68.9%的场次是靠双打取胜的。因此双打配对在团体赛中就显得非常重要,教练要根据前两盘的比赛输赢状况、对手的技战术水平、本队的实力水平、双方运动员的打法等进行全面分析,以使局势朝有利自己的方向发展。需要加强双打选手各项技术战术之间的衔接练习,提高发球威胁,寻求接发球在挑、撇等技术上的突破,还要提高双打前四板球质量。

团队最强者不必参加两个单打。义乌联赛的赛制中,如抽到主队的第一盘和第五盘是同一个人打两个单打,客队的第二盘和第五盘是同一人打两个单打,在排兵布阵的时候需要考虑到能否比到第五盘,同时还要考虑比赛双方的综合实力。从本次义乌联赛冠军队的12场球中,队内1号运动员有5场是参加1单1双的比赛,有7场参加2单的比赛,特别在第二阶段的争冠赛的五场球中有些队内的1号运动员有3场参加1单1双的比赛,由此可见团队内的1号主力,没必要是参加两个单打的。

团队人员组织要科学合理。根据义乌联赛赛制的特点,比赛打到第四盘,四名运动员都要出场比赛。一场比赛内有运动员只参加单打和双打,或者单打、双打都参加,这就要求运动员具备单、双打的能力。从冠军、亚军、季军的俱乐部的人员组成可以看出,四名运动员中都有使用长胶打法、反胶打法、生胶打法的运动员,有使用横板、直板的运动员等,这就要求在挑选运动员时要有不同打法类型的运动员组队。

媒体推动着赛事质量和效果。对整个比赛过程通过电视、广播、互联网、报纸等媒体进行报道,对重点赛事通过电视台的体育栏目进行录播,对每天比赛的排名通过报纸进行报道,对于每一场球的比赛成绩和结果通过义乌乒协网进行公布等,从而提高义乌联赛的知名度。

比赛观赏性和趣味性来源于比赛规则创新。在各俱乐部挑选运动员的时候要求有一名使用长胶、生胶打法的运动员或削球运动员,可以提高比赛的观赏性和趣味性。在义乌联赛比赛时,如果有生胶运动员与反胶运动员比赛、削球运动员与反胶运动员比赛,观看比赛的观众就会很多,也很热闹。

四、义乒联赛曾用过的赛制

比赛方法:义乒联赛赛制的出场顺序见表2-4所示,比赛采用五盘三胜制,由四盘单打和一盘双打组成。主、客队赛前由双方抽签确定。每队必须有四名队员参赛;同一名运动员不能连续参加两场单打,每名运动员在同一团体赛中最多出场2次;前三场必须不少于3人出场,赛至第四场时4人必须全部出场;比赛前教练应在团体赛排名表上至少填写前两场比赛队员,第二场结束时,教练可以根据场上局势,将后三场比赛的出场队员名单上报给裁判员。

表2-4 出场顺序

	主 队	客 队
第一盘	A	W
第二盘	B	X
第三盘	B/C	W/Y
第四盘	D	Z
第五盘	A(C)	X(Y)

第二节 义乒联赛争冠赛

一、半决赛(3盘2胜制)

半决赛由卡卡队对战宾王队、哈森队对战电力队。

卡卡队对战宾王队:第一盘团体赛3:1宾王队胜,第二盘团体赛3:2宾王队胜,宾王队2:0胜。

哈森队对战电力队:第一盘团体赛3:0电力队胜,第二盘团体赛3:1电力队胜,电力队2:0胜。

卡卡		宾王		3:2	电力
	1:3	2:0			2:1
宾王	2:3			0:3	
哈森		电力			
	0:3	2:0		0:3	
电力	1:3				

图 2-1 争冠赛成绩册

二、决赛(3 盘 2 胜制)

决赛由宾王队对战与电力队,最终电力队2:1胜宾王队(见图2-1)。

第一盘:团体赛3:2宾王队胜;

第二盘:团体赛3:0电力队胜;

第三盘:团体赛3:0电力队胜。

第三节 义乌联赛俱乐部运动员摘牌方法

一、准备工作

(1) 根据俱乐部联赛的要求确认报名运动员。

(2) 将报名的运动员,依据当年精英赛的名次排序。

(3) 将运动员名单公布到投影屏幕上,供各俱乐部领队挑选运动员。

二、运动员摘牌

(一) 甲级组 8 个俱乐部挑选运动员

每个俱乐部必须由 4～5 名运动员构成。甲级组前面 1～2 号运动员抽一次签,后二名 3～4 号运动员抽一次签。各俱乐部根据需要,选择是否增加第 5 号运动员。

第一步:先抽拿签的顺序号,1～8 号,如卡卡抽到 1 号,动可抽到 2 号,蓝鸟抽到 3 号,和谐抽到 4 号,中华联合抽到 5 号,博来特抽到 6 号,金梦体育抽到 7 号,红苗抽到 8 号。

第二步:根据第一步抽到的序号,抽到第 1 号的卡卡先抽选运动员号签,卡卡抽到 1 号选运动员签;抽到第 2 号的动可抽选运动员号签,动可抽到 4 号选运动员签;抽到第 3 号的蓝鸟抽选运动员号签,蓝鸟抽到 5 号选运动员签;抽到第 4 号的和谐抽选运动员号签,和谐抽到 7 号选运动员签;抽到第 5 号的中华联合抽选运动员号签,中华联合抽到 8 号选运动员签;抽到第 6 号的博来特抽选运动员号签,博来特抽到 3 号选运动员签;抽到第 7 号的金梦抽选运动员号签,金梦抽到 2 号选运动员签;抽到第 8 号的红苗抽选运动员号签,红苗抽到 46 号选运动员签。

第三步:第一轮摘牌运动员抽签,顺序为:卡卡—金梦—博来特—动可—蓝鸟—红苗—和谐—中华联合俱乐部依次选俱乐部的 1 号运动员;选好后,再由中华联合—和谐—红苗—蓝鸟—动可—博来特—金梦—卡卡选俱乐部的 2 号运动员(见图 2-2)。

甲级参赛俱乐部第一轮摘牌运动员结果

抽签序号	俱 乐 部	运动员
1	卡卡俱乐部	毛＊辉
2	金梦体育俱乐部	吴＊伟
3	博来特油墨队	吴＊志
4	动可体育俱乐部	吴＊涵
5	蓝鸟一队	王＊豪
6	红苗农业俱乐部	冯＊荣
7	和谐队	孟＊峰
8	中华联合保险队	王　＊
9	中华联合保险队	陶＊栋
10	和谐队	高＊福
11	红苗农业俱乐部	蒋　＊
12	蓝鸟一队	苏＊隆
13	动可体育俱乐部	杨＊豪
14	博来特油墨队	胡＊纬
15	金梦体育俱乐部	吴＊亮
16	卡卡俱乐部	华＊樱

图 2-2　各俱乐部第一轮摘牌运动员

第四步：第二轮摘牌运动员抽签，选第 3 号和第 4 号运动员，方法同第一步至第三步。

第五步：第三轮摘牌运动员抽签，选第 5 号运动员，根据各俱乐部的实际情况和需要，选第 5 号运动员。金梦、动可、中华联合这三个俱乐部选了第 5 号运动员。

各俱乐部摘牌运动员的结果见图 2-3。

"金梦体育杯"2021 年义乌市乒乓球俱乐部联赛

甲级参赛俱乐部摘牌运动员结果

序号	俱乐部名称	运动员				
		1	2	3	4	5
1	卡卡俱乐部	毛＊辉	华＊樱	孙＊军	骆＊栋	
2	金梦体育俱乐部	吴＊伟	吴＊亮	张＊胜	王＊堂	黄　＊
3	博来特油墨队	吴＊志	胡＊纬	宋＊华	章＊会	
4	动可体育俱乐部	吴＊涵	杨＊豪	吴＊飞	余＊晶	蒋＊彬
5	蓝鸟一队	王＊豪	苏＊隆	骆＊军	宗＊锋	
6	红苗农业俱乐部	冯＊荣	蒋　＊	董＊友	骆＊伟	
7	和谐队	孟＊峰	高＊福	朱＊科	丁＊银	
8	中华联合保险队	王　＊	陶＊栋	王＊华	何＊伟	何　＊

图 2-3　甲级组各俱乐部及运动员

(二) 乙级组 8 个俱乐部挑选运动员

第一步：由乙级组 8 个俱乐部的领队挑选运动员，挑选运动员前，也要先抽签决定顺序号。

第二步：依次按蛇形摘选各自俱乐运动员，如 A—B—C—D—E—F—G—H 俱乐部依次选第 1 号运动员，→H—G—F—E—D—C—B—A 俱乐部依次选 2 号运动员，→A—B—C—D—E—F—G—H 俱乐部依次选第 3 号运动员，→H—G—F—E—D—C—B—A 俱乐部依次选第 4 名运动员，→A—B—C—D—E—F—G—H 俱乐部根据需要依次选第 5 名运动员。

各俱乐部摘牌运动员的结果见图 2-4。

"金梦体育杯"2021年义乌市乒乓球俱乐部联赛

乙级参赛俱乐部摘牌运动员结果

序号	俱乐部名称	运动员				
		1	2	3	4	5
1	宝狮马彩印俱乐部	罗＊安	曹＊强	蒋＊强	骆＊亮	黄　＊
2	后余俱乐部	余＊武	余＊才	余＊寿	方＊义	厉　＊
3	起航俱乐部	付＊军	王＊向	金＊敏	宗＊军	
4	丹溪时代俱乐部	毛＊军	陈＊跃	朱＊升	毛＊文	叶＊全
5	远成光伏	蒋＊鹏	陶＊声	虞＊阳	谢　＊	龚　＊
6	今朝包装俱乐部	赵＊风	朱＊忠	叶＊忠	丁　＊	
7	佳惠奇金属队	王＊辉	陈＊勋	赵＊强	陈　＊	
8	浙江祥宏透明包装	俞＊起	沈＊祥	李＊昀	朱＊权	鲍＊灵

图2－4 乙级组各俱乐部及运动员

(三) 丙级组12个俱乐部挑选运动员

第一步：由丙级组12个俱乐部的领队挑选运动员，挑选运动员前，也要先抽签决定顺序号。

第二步：同乙级组俱乐部挑选运动员的第二步，12个俱乐部挑足运动员后，再进行分组抽签。

各俱乐部摘牌运动员的结果见图2－5。

"金梦体育杯"2021年义乌市乒乓球俱乐部联赛

丙级参赛俱乐部摘牌运动员结果

A组序号	俱乐部名称	运动员				
		1	2	3	4	5
1	大河恋渔具队	傅＊波	虞＊平	张＊刚	虞＊雷	陈　＊
2	金城美宁俱乐部	陈＊良	陈＊苗	沈＊明	汤＊红	张　＊
3	汇鑫俱乐部	吴＊鸿	陈＊华	刘＊郎	金＊民	王＊平
4	新虹家电俱乐部	黄＊伟	吴＊民	黄　＊	杜　＊	
5	老杨眼镜队俱乐部	杨＊跃	黄＊平	胡＊民	胡＊斌	金＊阳
6	维川塑业包装俱乐部	刘＊明	杨　＊	张　＊	凌＊豪	傅＊其

"金梦体育杯"2021年义乌市乒乓球俱乐部联赛
丙级参赛俱乐部摘牌运动员结果

B组序号	俱乐部名称	运动员				
		1	2	3	4	5
1	蓝鸟二队	黄＊钊	王＊刚	朱＊能	童＊峰	龚＊红
2	义乌电力俱乐部	吴＊军	罗＊寿	王　＊	朱＊滨	金＊国
3	上溪乒乓球俱乐部	林＊瀚	俞＊荣	汪＊平	林＊辉	金＊华
4	义乌乒协佛堂分会	吴＊坚	王＊有	胡＊理	陈＊芳	
5	丹溪时代二队	李＊义	余＊杰	单＊雷	余　＊	孙＊强
6	万里乒乓球俱乐部	陈　＊	陈＊金	吴＊群	刘＊标	李＊虹

图 2－5　丙级组各俱乐部及运动员

第四节　义乌联赛编排方案

本节以 2021 年义乌市俱乐部联赛编排方案为例，编排方案见表 2－5。

表 2－5　2021 年俱乐部联赛编排方案

日　期	时　间	球台数量	第一阶段（循环赛）			
			甲级	乙级	丙级	
			A	A	A	B
			28	28	15	15
2022 年 1 月 4 日（星期二）	18:30	4	4			
	20:00	4	4			
2022 年 1 月 5 日（星期三）	18:30	4		4		
	20:00	4		4		
2022 年 1 月 6 日（星期四）	18:30	4			3	1
	20:00	4			2	2

续　表

日　　期	时　间	球台数量	第一阶段(循环赛)			
			甲级	乙级	丙级	
			A	A	A	B
			28	28	15	15
2022 年 1 月 7 日（星期五）	18：30	4	4			
	20：00	4	4			
2022 年 1 月 8 日（星期六）	09：00	4		4		
	10：30	4		4		
	13：30	4			1	3
	15：00	4			3	1
	18：30	4	4			
	20：00	4	4			
2022 年 1 月 9 日（星期日）	09：00	4		4		
	10：30	4		4		
	13：30	4			2	2
	15：00	4			1	3
	18：30	4		4		
	20：00	4	4			
2022 年 1 月 10 日（星期一）	18：30	3			3	
	20：00	3				3

日　　期	时间	球台数量	第二阶段(淘汰赛)		
			甲级	乙级	丙级
			5	5	9
2022 年 1 月 11 日（星期二）	18：30	2			2
		2		2	
2022 年 1 月 12 日（星期三）	18：30	4			4
	20：00	2	2		

续　表

日　　期	时　间	球台数量	第二阶段(淘汰赛)		
			甲级	乙级	丙级
			5	5	9
2022 年 1 月 13 日（星期四）	18:30	4		2	
					2
	20:00	2	2		
2022 年 1 月 14 日（星期五）	18:30	2		1	
					1
	20:00	1	1		

编排时,要考虑控制每节参赛运动员的人数,所以每节内同组别内的运动员比赛 2 轮,也就是一个上午或下午内要进行 2 场团体比赛,编排时在同节内就先不去考虑连场情况。

第一阶段,循环赛

1 月 4 日,18:30 甲级第 1 轮 4 场;20:00 甲级第 2 轮 4 场

1 月 5 日,18:30 乙级第 1 轮 4 场;20:00 乙级第 2 轮 4 场

1 月 6 日,18:30 丙级 A 组第 1 轮 3 场＋B 组第 1 轮 1 场

　　　　20:00 丙级 A 组第 2 轮 2 场＋B 组第 1 轮 2 场

1 月 7 日,18:30 甲级第 3 轮 4 场;20:00 甲级第 4 轮 4 场

1 月 8 日,09:00 乙级第 3 轮 4 场;10:30 乙级第 4 轮 4 场

　　　　13:00 丙级 A 组第 2 轮 1 场＋B 组第 2 轮 3 场

　　　　14:30 丙级 A 组第 3 轮 3 场＋B 组第 3 轮 1 场

　　　　18:30 甲级第 5 轮 4 场;20:00 甲级第 6 轮 4 场

1 月 9 日,09:00 乙级第 3 轮 5 场;10:30 乙级第 6 轮 4 场

　　　　13:00 丙级 A 组第 4 轮 2 场＋B 组第 3 轮 2 场

　　　　14:30 丙级 A 组第 4 轮 1 场＋B 组第 4 轮 3 场

　　　　18:30 乙级第 7 轮 4 场;20:00 甲级第 7 轮 4 场

1 月 10 日,18:30 丙级 A 组第 5 轮 3 场

20:00 丙级 B 组第 5 轮 3 场

第二阶段,淘汰赛

1 月 11 日,18:30 丙级第 1 轮 2 场;20:00 乙级第 1 轮 2 场

1 月 12 日,18:30 丙级第 2 轮 4 场;20:00 甲级第 1 轮 2 场

1 月 13 日,18:30 丙级、乙级半决赛 4 场;20:00 甲级半决赛 2 场

1 月 14 日,18:30 丙级、乙级决赛 2 场;20:00 甲级决赛 1 场

第五节　义乒联赛参赛情况统计

本节对历年来参赛的队伍和人数情况进行了统计,2010 年至 2021 年
参赛情况见表 2-6。

表 2-6　2010 年至 2021 年参赛情况

年　份	队数（支）			参赛人数（人）
2010	超级 8			37
2011	超级 8	甲级 8		68
2012	超级 8	甲级 8		68
2013	超级 8	甲级 8		76
2014	16			78
2015	10			48
2016	14			61
2017	14			61
2018	甲级 8	乙级 8	丙级 8	111
2019	甲级 8	乙级 8	丙级 8	108
2020	甲级 8	乙级 8	丙级 8	111
2021	甲级 8	乙级 8	丙级 12	130

　　2010 年,义乌市乒乓球俱乐部联赛超级组比赛有 8 支队代表队参赛,参赛的运动员有 37 名,这些运动员都是经过义乌市协会注册并参加过义乌市精英赛的运动员。2011 至 2014 年,根据义乌市乒协会员的要求,增设 8 个甲级组,甲级组的运动员是在超级组摘牌结束后,再进行运动员摘牌。参加人数基本上在 70 人左右。2014 年至 2017 年,俱乐部联赛没有进行分级比赛。2018 年开始,联赛又分为甲级、乙级、丙级三个级别进行比赛,主要的目的就是让更多的会员参与到联赛当中来。

第三章

义乌市乒乓球协会个人积分赛

第一节　个人积分赛竞赛办法

一、第一站(第一次)比赛方法

分两阶段进行,每场三局二胜,11分制。

第一阶段:小组单循环赛,每组人数7～8人,决出小组名次。

第二阶段:各小组淘汰赛加附加赛,决出所有名次。

二、第一站(第一次)积分计算

每位球员第一次参加比赛,给予相同的1000分作为基础积分,胜一场得10分,负一场扣10分。最后加上名次积分,按参加人数的多少确定名次积分。前四名的运动员加上相应的赋分,第一名加5分,第二名加3分,第三名加2分,第四名加1分。积分排名根据积分的多少依次排名,如积分相等,则最近一站名次在前的排名在前。

1. 名次积分计算(实际参加人数为n)

第一名得分为n+5

第二名得分为(n-1)+3

第三名得分为(n-2)+2

第四名得分为(n-3)+1

第五名得分为(n-4)

以下名次则按第五名依次递减进行计算。

2. 根据积分定级

第一站比赛结束后,根据积分高低情况进行定级,第 1~16 名运动员为甲 A,第 17~32 名运动员为甲 B,第 33~48 名运动员为乙 A,第 49~64 名运动员为乙 B,第 65~80 名运动员为丙 A,第 81~96 名运动员为丙 B,第 97~112 名运动员为丁 A,113~128 名运动员为丁 B(见表 3-1)。

表 3-1 第一站比赛结束后根据积分情况进行定级

名　次	级　别	名　次	级　别
1~16 名	甲 A	17~32 名	甲 B
33~48 名	乙 A	49~64 名	乙 B
65~80 名	丙 A	81~96 名	丙 B
97~112 名	丁 A	113~128 名	丁 B

三、第二站开始的比赛方法

分两阶段进行,每场三局二胜,11 分制。

第一阶段:根据定级,分两个小组,每组 8 人单循环赛(如人数不足,则从下面的级别根据积分情况进行补充),决出小组名次。

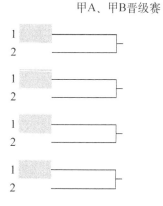

图 3-1 甲 A、甲 B 晋级赛比赛形式

抽签:依据积分高低,蛇形排列分组;不考虑属于同一单位的运动员进入同一小组。

第二阶段:根据定级,每小组的前四名进行淘汰赛加附加赛,决出名次;每小组的后四名进行淘汰赛加附加赛,决出名次。

(1)抽签。依据积分高低,根据种子序号原则进入相应位置。

(2)晋级赛。如甲 A 的最后四名与甲 B 的前四名进行一场晋级赛(甲 A 对甲 B),晋级赛采用随机抽签方式进行(见图 3-1),胜者进入甲 A,输者进入甲 B。五局三胜制,11 分制、决胜局 7 分制,晋级赛计入总积分。

第二节　个人积分计算方法

第二站个人积分计算方法:

(1) 参加比赛的人员通过比赛来加减积分,每一场胜负都和积分相关联。

(2) 每一场比赛结果均应依照以下积分表计算成绩(见表 3 - 2),积分表左栏是积分差额范围,中栏是积分高者得胜之加分(即积分低者落败之减分),右栏是积分高者落败之减分(即积分低者得胜之加分)。

(3) 范例:A 运动员积分 1 000 分,B 运动员积分 950 分,二者相差 50 分。

A 胜 B 负→A 加 7 分(1 007 分),B 减 7 分(943 分)。

A 负 B 胜→A 减 16 分(1 984 分),B 加 16 分(966 分)。

(4) 新加入运动员初始积分,由其第一次参加积分赛事的小组赛胜负综合自身预估而定;或者由组委会,根据新加入运动员的水平定级后,给定相应初始积分。

(5) 运动员报名后无故弃权,比赛积分按正常弃权计分后,再扣 25 分。

第三节　个人积分赛选手比赛积分差距计算

两名运动员比赛,根据积分差距得出加分减分(见表 3 - 2)。两名运动员积分相差区间 $0 \leqslant X < 11$,积分高者胜加 10 分,积分低者减 10 分;积分低者胜加 10 分,积分高者减 10 分。如两名运动员积分相差区间 $11 \leqslant X < 21$,则积分高者胜加 9 分,积分低者减 9 分;积分低者胜加 12 分,积分高者减 12 分。如两名运动员积分相差区间 $81 \leqslant X < 101$,则积分高者胜加 5 分,积分低者减 5 分;积分低者胜加 20 分,积分高者减 20 分。如两名运动员积分相差区间 $X \geqslant 181$,则积分高者胜加 0 分,积分低者减 0 分;积分低者胜加 40 分,积分高者减 40 分。

表 3 - 2　不同选手积分差距每一场比赛积分表

选手积分差距	积分高者赢球所加分 （积分低者输球减分）	积分高者输球所减分 （积分低者赢球加分）
≥181	0	40
[161，181)	1	36
[141，161)	2	32
[121，141)	3	28
[101，121)	4	24
[81，101)	5	20
[61，81)	6	18
[41，61)	7	16
[21，41)	8	14
[11，21)	9	12
[0，11)	10	10

第四节　个人积分赛比赛积分计算

　　分站赛甲级 A 组第一阶段、第二阶段、晋级赛运动员之间的积分加减情况的统计和名次分见表 3 - 3。第一阶段如孟 ＊ 峰（1 238 分）与骆 ＊ 伟（1 210 分）相差 28 分，孟 ＊ 峰胜，孟 ＊ 峰＋8，骆 ＊ 伟－8；孟 ＊ 峰（1 238 分）与王 ＊（1 175）相差 63 分，孟 ＊ 峰负，孟 ＊ 峰－18，王 ＊ ＋18。第二阶段如第 8 轮孟 ＊ 峰负，依据积分相差情况，孟 ＊ 峰－16。最终比赛名次越靠前，名次分的分数加的也越多，孟 ＊ 峰名次分加了 40 分，所以本次比赛的正负分相加，最终得 21 分，本站比赛后，孟 ＊ 峰的积分 1 238＋21＝1 259 分。

　　分站赛甲级 B 组第一阶段、第二阶段、晋级赛运动员之间的积分加减情况的统计和名次分（见表 3 - 4）。

表 3 – 3　A 组 8 名运动员分站赛积分计算表

A组	赛前积分	第一阶段									第二阶段			晋级赛	名次分	赛后积分
		1	2	3	4	5	6	7	8	得分	第8轮	第9轮	第10轮			
1 孟*峰	1 238		8	−18	−18	5	1	4	2	−16	−16	7	6		40	1 259
2 骆*伟	1 210	−8		−14	−16	−16	3	5	−28	−74	2	5	3		36	1 182
3 王*	1 175	18	14		−10	9	3	7	5	46	−6	9	−10		46	1 282
4 杨*豪	1 166	16	18	10		10	5	8	5	72	14	12	10		49	1 323
5 何*伟	1 157	−5	16	−9	−10		5	8	6	11	12	−9	8		44	1 223
6 蒋*彬	1 070	−1	−3	−3	−5	−5		−7	−9	−33	−7	−10	16	−14	30	1 052
7 虞*平	1 129	−4	−5	−7	−8	−8	7		−16	−41	−16	−16	−16	−40	29	1 029
8 孙*军	1 083	−2	28	−5	−5	−6	9	16		35	1C	10	−3		35	1 170

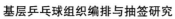
表 3 - 4　B 组 8 名运动员分站赛积分计算表

B组	赛前积分	第一阶段									第二阶段			晋级赛	名次分	赛后积分
		1	2	3	4	5	6	7	8	得分	第8轮	第9轮	第10轮			
1 蒋 *	1 218	−8	8	−14	−16	2	7	5	3	−5	−16	−16	8		38	1 227
2 傅 * 军	1 189	14	10	−10	−12	4	6	6	4	−10	−14	−7	−8		37	1 187
3 余 * 武	1 181	16	12	10	−10	4	3	6	5	32	16	−12	−8		42	1 251
4 宋 * 华	1 176	−2	−4	−4	−5	5	4	7	5	59	−12	16	−6		39	1 272
5 陈 *	1 076	−7	−6	−3	−7	−9	9	−7	10	−3	16	−10	−7		33	1 105
6 傅 * 波	1 060	−5	−6	−6	−4	7	7	−7	14	−22	−2	10	8	−24	31	1 061
7 毛 * 文	1 119				−7	7	7		8	−2	7	−5	7		34	1 160
8 方 * 海	1 085	−3	−4	−5	−5	−10	−14	−8		−49	−10	16	−8	−40	32	1 026

第五节 个人积分赛总决赛
竞赛办法

个人积分赛总决赛竞赛办法如下。

(1) 本年度参加 2 站以上比赛的运动员,才能参加总决赛。

(2) 参赛运动员需重新报名。

(3) 各级别前四名进入第二阶段比赛,两小组的前四名进入第二阶段比赛。

(4) 第二阶段抽签:小组第 1 名,进入 1、8 号位;小组第 2 名,进入同小组第 1 名的不同半区 4、5 号位;小组第 3 名、4 名抽签进入其他位置;第一轮同小组不相遇。

(5) 第一阶段:采用 3 局 2 胜。第二阶段:1/4 决赛 3 局 2 胜,半决赛、决赛 5 局 3 胜。

(6) 第一阶段采用小组循环赛,第二阶段采用淘汰赛,不进行附加赛。

第六节 个人积分赛总决赛
积分计算

本节以个人积分赛总决赛为例,个人积分赛总决赛积分计算具体见表 3-5、表 3-6。

赛前积分即总决赛前已有的积分。

第一阶段,经过循环赛后,每一场球比赛,根据各自积分情况,按胜负情况进行计算。

第二阶段,小组前四名进入第二阶段的淘汰赛,共 8 名运动员。胜者进入下一轮,负者名次并列,按各自积分情况进行计算。

表 3-5　A组 8 名运动员总决赛积分计算表

A组	赛前积分	第一阶段								得分	小组赛后积分	第二阶段			赛后积分
		1	2	3	4	5	6	7	8			8轮	9轮	10轮	
1 杨*蒙	1 323		7	-18	6	-20	4	3	-32	-50	1 273				
2 宋*华	1 272	-7		-12	-14	-14	-18	5	-24	-84	1 188				
3 孟*峰	1 259	18	12		9	-12	7	6	5	45	1 304	-8			1 296
4 黄*生	1 245	-6	14	-9		10	8	7	6	30	1 275	8	-8		1 275
5 冯*荣	1 239	20	14	12	-10		8	8	-18	34	1 273	-7			1 266
6 王*	1 205	-4	18	-7	-8	-8		9	-14	-14	1 191				
7 路*栋	1 190	-3	-5	-6	-7	-8	-9		-12	-50	1 140				
8 孙*军	1 170	32	24	-5	-6	18	14	12		89	1 259	-6			1 253

表3-6　B组8名运动员总决赛积分计算表

B组	赛前积分	第一阶段								得分	小组赛后积分	第二阶段			赛后积分
		1	2	3	4	5	6	7	8			8轮	9轮	10轮	
1 王 *	1 285		-10	8	-14	7	6	5	4	6	1 291	8	-14		1 285
2 吴 * 亮	1 281	10		8	8	7	-16	5	5	27	1 308	7	8	8	1 331
3 余 * 武	1 251	-8	-8		-10	8	-14	-18	6	-44	1 207				
4 王 * 豪	1 248	14	-8	10		-14	8	6	6	22	1 270	6	14	-8	1 282
5 蒋 *	1 227	-7	-7	-8	14		-10	-14	7	-25	1 202				
6 何 * 伟	1 223	-6	16	14	-8	10		8	7	41	1 264	-8			1 256
7 傅 * 军	1 187	-5	-5	18	-6	14	-8		-10	-2	1 185				
8 路 * 伟	1 182	-4	-5	-6	-6	-7	-7	10		-25	1 157				

第七节 个人积分赛日程安排

义乌市个人积分赛在一天内完成,8:30甲B,乙A、B同时开始第一阶段的比赛;13:30开始甲A第一阶段第二阶段,以及甲B和乙A、B第二阶段的比赛;18:30开始争夺乙A的四场晋级赛;19:00开始争夺甲B的四场晋级赛;19:30开始争夺甲A的四场晋级赛。义乌市乒协个人积分赛竞赛日程表见表3-7。

表3-7 义乌市乒协个人积分赛竞赛日程表

日　期	时　间	项　　目	台　号
6月25日 (星期日)	8:30	乙B第一阶段	1～4台
		乙A第一阶段	5～6台
		甲B第一阶段	8～9台
	12:30	休息	
	13:30	甲A第一阶段、第二阶段	1～4台
		甲B第二阶段	5台
		乙A第二阶段	6台
		乙B第二阶段	7～9台
	17:30	休息	
	18:30	乙A、乙B晋级赛	4张球台
	19:00	甲B、乙A晋级赛	4张球台
	19:30	甲A、甲B晋级赛	4张球台

第八节 个人积分赛总排名计算

笔者选取了总排名在前40名的运动员积分计算总表(见表3-8)。第一列为名次,第四列为初始积分1 000分。其中第26名吴＊飞和第38名张＊胜未参加初始站,第二站或第三站才来参加,组委会根据其本人的实力水平,给予一定的积分,吴＊飞和张＊胜给予的初始积分为900分。其中有一站运动员未参加就不算积分,经过第一站、第二站、第三站、总决赛后累加形成总积分,按照高低排序。

表3－8　总排名前40名的积分计算总表

名次	姓　名	性别	初始积分	第一站积分	第二站积分	第三站积分	总决赛	总积分
1	吴＊亮	男	1 000	92	189		50	1 331
2	孟＊峰	男	1 000	84	154	21	37	1 296
3	王　＊	男	1 000	106	69	110	0	1 285
4	王＊豪	男	1 000	105	143		34	1 282
5	黄＊生	男	1 000	140	105		30	1 275
6	杨＊豪	男	1 000	46	120	157	−50	1 273
7	冯＊荣	男	1 000	159	80		27	1 266
8	何＊伟	男	1 000	157		66	33	1 256
9	孙＊军	男	1 000	83		87	83	1 253
10	余＊武	男	1 000	112	69	70	−44	1 207
11	蒋　＊	男	1 000	172	46	9	−25	1 202
12	叶＊鑫	男	1 000	8	97		86	1 191
13	王＊剑	男	1 000	135	70		−14	1 191
14	宋＊华	男	1 000	33	143	96	−84	1 188
15	傅＊军	男	1 000	80	109	−2	−2	1 185
16	宗＊锋	男	1 000	79	57		44	1 180
17	骆＊伟	男	1 000	117	93	−28	−25	1 157
18	高＊福	男	1 000	141	26		−12	1 155

续　表

名次	姓　名	性别	初始积分	第一站积分	第二站积分	第三站积分	总决赛	总积分
19	朱＊富	男	1 000	153				1 153
20	陶＊栋	男	1 000	149				1 149
21	陈＊仪	男	1 000	78	68			1 146
22	毛＊军	男	1 000	22	122			1 144
23	王＊华	男	1 000	141				1 141
24	骆＊栋	男	1 000	108	82		−50	1 140
25	胡＊纬	男	1 000	34	88		18	1 140
26	吴＊飞	男	900		145	8	83	1 136
27	骆＊江	男	1 000	27	55		51	1 133
28	鲍＊灵	男	1 000	34	81		14	1 129
29	王＊堂	男	1 000	89	2		33	1 124
30	骆＊军	男	1 000	113	10		−5	1 118
31	季＊武	男	1 000	41	81		−5	1 117
32	章＊会	男	1 000	−36	151			1 115
33	吴＊涵	男	1 000	107				1 107
34	华＊樱	女	1 000	105				1 105
35	陈＊仪	男	1 000	30	46	29	−3	1 102
36	陈＊明	男	1 000	96				1 096
37	毛＊文	男	1 000	20	99	41	−65	1 095
38	张＊胜	男	900			195		1 095
39	沈＊祥	男	1 000	71	−2		25	1 094
40	叶　＊	男	1 000	57	76		−43	1 090

第四章

浙江省青少年乒乓球
积分赛方案与抽签

第一节 浙江省积分赛比赛方案

2018 年浙江省青少年乒乓球积分排名赛（简称浙江省积分赛），从 5 局 3 胜制改为 3 局 2 胜制的赛制。第一阶段的分组由原来 5 人为一组改为 6 人一组，分级上也有些变化，具体分组方案情况如下。

一、每个组别 5 至 14 名运动员参加比赛

每个组别 5 至 14 名运动员参加比赛（见表 4 - 1），不分级。每个组别的人数需要有 5 名及以上才设项，如不足 5 名，则此组别运动员合并到高一级年龄组别进行比赛。

（1）5～7 名运动员参赛，比赛采用单循环赛进行比赛。

（2）8 名运动员参赛，比赛分两个阶段进行。

第一阶段，分 2 个小组，每组 4 名，进行循环赛决出名次。第一阶段合计 12 场比赛。

第二阶段，2 个小组的前 2 名运动员，采用单淘汰加附加赛决出 1～4 名；2 个小组的第 3 名和第 4 名运动员，采用单淘汰加附加赛决出 5～8 名。第二阶段合计 8 场比赛。

总计 20 场。

表4-1　5至14名运动员按积分排名分组比赛方案

下表中，「第一阶段（循环赛）」包含：分级、组*人、轮次（1～7）、小计、合计；「第二阶段（单淘汰赛加附加赛）」包含：参赛人数、分组、轮次（1～5）、小计、合计；最后为「场数总计」。

人数	分级	组*人	轮1	轮2	轮3	轮4	轮5	轮6	轮7	小计	合计	参赛人数	分组	轮1	轮2	轮3	轮4	轮5	小计	合计	场数总计
5	0	1*5	2	2	2	2	2			10	10										10
7	0	1*7	3	3	3	3	3	3	3	21	21										21
8	0	2*4	4	4	4					12	12	8	2*4	4	4				8	8	20
9	0	1*4	2	2	2					6	16	6	1~6	2	2	3			7	10	26
		1*5	2	2	2	2	2			10		3(循环)	7~9	1	1	1			3		
10	0	2*5	4	4	4	4	4			20	20	6	1~6	2	2	3			7	11	31
												4	7~10	2	2				4		
11	0	1*5	2	2	2	2	2			10	25	8	2*4	4	4				8	11	36
		1*6	3	3	3	3	3			15		3(循环)	9~11	1	1	1			3		
12	0	2*6	6	6	6	6	6			30	30	12	3*4	6	6				12	12	42
13	0	1*6	3	3	3	3	3			15	36	6	1~6	2	2	3			7	14	50
		1*7	3	3	3	3	3	3	3	21		4	7~10	2	2				4		
												3(循环)	11~13	1	1	1			3		
14	0	2*7	6	6	6	6	6	6	6	42	42	6	1~6	2	2	3			7	15	57
												8	2*4	4	4				8		

(3) 9 名运动员参赛,比赛分两个阶段进行。

第一阶段,分 2 个小组,第一个小组 4 名,第二个小组 5 名,进行循环赛决出名次。第一阶段合计 16 场比赛。

第二阶段,2 个小组的前 3 名运动员,采用单淘汰加附加赛决出 1～6 名;2 个小组中的第 4 名和第 5 名运动员组成一个小组,继续采用循环赛,决出 7～9 名。第二阶段合计 10 场比赛。

总计 26 场。

(4) 10 名运动员参赛,比赛分两个阶段进行。

第一阶段,分 2 个小组,每组 5 名,进行循环赛决出名次。第一阶段合计 20 场比赛。

第二阶段,2 个小组的前 3 名运动员,采用单淘汰加附加赛决出 1～6 名;2 个小组中的第 4 名和第 5 名运动员,采用单淘汰加附加赛决出 7～10 名。第二阶段合计 11 场比赛。

总计 31 场。

(5) 11 名运动员参赛,比赛分两个阶段进行。

第一阶段,分 2 个小组,第一个小组 5 名,第二个小组 6 名,进行循环赛决出名次。第一阶段合计 25 场比赛。

第二阶段,2 个小组的前 2 名运动员,采用单淘汰加附加赛决出 1～4 名;2 个小组的第 3 名和第 4 名运动员,采用单淘汰加附加赛决出 5～8 名;2 个小组中的第 5 名和第 6 名运动员组成一个小组,继续采用循环赛,决出 9～11 名。第二阶段合计 11 场比赛。

总计 36 场。

(6) 12 名运动员参赛,比赛分两个阶段进行。

第一阶段,分 2 个小组,每组 6 名,进行循环赛决出名次。第一阶段合计 30 场比赛。

第二阶段,2 个小组的前 2 名运动员,采用单淘汰加附加赛决出 1～4 名;2 个小组的第 3 名和第 4 名,第 5 名和第 6 名运动员分别采用单淘汰加附加赛决出 5～8 名和 9～12 名。第二阶段合计 12 场比赛。

总计 42 场。

(7) 13 名运动员参赛,比赛分两个阶段进行。

第一阶段,分 2 个小组,第一个小组 6 名,第二个小组 7 名,进行循环赛决出名次。第一阶段合计 36 场比赛。

第二阶段,2 个小组的前 3 名运动员,采用单淘汰加附加赛决出 1～6 名;2 个小组的第 4 名和第 5 名,采用单淘汰加附加赛决出 7～10 名;2 个小组中的第 6 名和第 7 名运动员组成一个小组,继续采用循环赛,决出 11～13 名。第二阶段合计 14 场比赛。总计 50 场。

(8) 14 名运动员参赛,比赛分两个阶段进行。

第一阶段,分 2 个小组,每组 7 名,进行循环赛决出名次。第一阶段合计 42 场比赛。

第二阶段,2 个小组的前 3 名运动员,采用单淘汰加附加赛决出 1～6 名;2 个小组的第 4 名和第 5 名,第 6 名和第 7 名运动员分别采用单淘汰加附加赛决出 7～10 名和 11～14 名。第二阶段合计 15 场比赛。

总计 57 场。

二、每个组别 15 至 28 名运动员参加比赛

每个组别 15 至 28 名运动员参加比赛(见表 4 - 2),不分级。

(1) 15 名运动员参赛,比赛分两个阶段进行。

第一阶段,分 3 个小组,每组 5 名,进行循环赛决出名次。第一阶段合计 30 场比赛。

第二阶段,3 个小组的前 2 名运动员,采用单淘汰加附加赛决出 1～6 名;3 个小组中的第 3 名和第 4 名运动员,采用单淘汰加附加赛决出 7～12 名;3 个小组中的第 5 名组成一个小组,继续采用循环赛,决出 13～15 名。第二阶段合计 17 场比赛。

总计 47 场。

(2) 16 名运动员参赛,比赛分两个阶段进行。

第一阶段,分 3 个小组,第一、二个小组 5 名,第三个小组 6 名,进行循环赛决出名次。第一阶段合计 35 场比赛。

第二阶段,3 个小组的前 2 名运动员,采用单淘汰加附加赛决出 1～6 名;3 个小组中的第 3 名和第 4 名运动员,采用单淘汰加附加赛决出 7～12

表4-2　15至28名运动员按积分排名分组比赛方案

人数	分级	组*人	第一阶段（循环赛）轮次							小计	合计	参赛人数	分组	第二阶段（单淘汰赛加附加赛）轮次					小计	合计	场数总计
			1	2	3	4	5	6	7					1	2	3	4	5			
15	0	3*5	6	6	6	6	6			30	30	12	2*6	4	4	6			14	17	47
												3（循环）	13~15	1	1	1			3		
16	0	2*5	4	4	4	4	4			20	35	12	2*6	4	4	6			14	18	53
		1*6	3	3	3	3	3			15		4	13~16	2	2				4		
17	0	1*5	2	2	2	2	2			10	40	12	2*6	4	4	6			14	19	59
		2*6	6	6	6	6	6			30		5	13~17	1	2	2			5		
18	0	3*6	9	9	9	9	9			45	45	18	3*6	6	6	9			21	21	66
19	0	2*6	6	6	6	6	6			30	51	18	2*6	4	4	6			14	23	74
		1*7	3	3	3	3	3	3	3	21		7	13~19	3	3	3			9		
20	0	4*5	8	8	8	8	8			40	40	8	1~8	4	4	4			12	28	68
												8	9~16	4	4	4			12		
												4	17~20	2	2				4		
21	0	3*5	6	6	6	6	6			30	45	8	1~8	4	4	4			12	29	74
		1*6	3	3	3	3	3			15		8	9~16	4	4	4			12		
												5	17~21	1	2	2			5		
⋮																					
28	0	4*7	12	12	12	12	12	12	12	84	84	8	1~8	4	4	4			12	40	124
												8	9~16	4	4	4			12		
												8	17~24	4	4	4			12		
												4	25~28	2	2				4		

名;3个小组中的第5名和第6名运动员,采用单淘汰加附加赛决出13～16名;第二阶段合计18场比赛。

总计53场。

(3) 17名运动员参赛,比赛分两个阶段进行。

第一阶段,分3个小组,第一个小组5名,第二、三个小组6名,进行循环赛决出名次。第一阶段合计40场比赛。

第二阶段,3个小组的前2名运动员,采用单淘汰加附加赛决出1～6名;3个小组中的第3名和第4名运动员,采用单淘汰加附加赛决出7～12名;3个小组中的第5名和第6名运动员,采用单淘汰加附加赛决出13～17名。第二阶段合计19场比赛。

总计59场。

(4) 18名运动员参赛,比赛分两个阶段进行。

第一阶段,分3个小组,每组6名,进行循环赛决出名次。第一阶段合计45场比赛。

第二阶段,3个小组的前2名运动员,采用单淘汰加附加赛决出1～6名;3个小组中的第3名和第4名运动员,采用单淘汰加附加赛决出7～12名;3个小组中的第5名和第6名运动员,采用单淘汰加附加赛决出13～18名。第二阶段合计21场比赛。

总计66场。

(5) 19名运动员参赛,比赛分两个阶段进行。

第一阶段,分3个小组,第一、二小组6名,第三小组7名,进行循环赛决出名次。第一阶段合计51场比赛。

第二阶段,3个小组的前2名运动员,采用单淘汰加附加赛决出1～6名;3个小组中的第3名和第4名运动员,采用单淘汰加附加赛决出7～12名;3个小组中的第5名、第6名和第7名运动员,采用单淘汰加附加赛决出13～19名。第二阶段合计23场比赛。

总计74场。

(6) 20名运动员参赛,比赛分两个阶段进行。

第一阶段,分4个小组,每组5名,进行循环赛决出名次。第一阶段合计40场比赛。

第二阶段,4个小组的前2名运动员,采用单淘汰加附加赛决出1~8名;4个小组中的第3名和第4名运动员,采用单淘汰加附加赛决出9~16名;4个小组中的第5名运动员,采用单淘汰加附加赛决出17~20名。第二阶段合计28场比赛。

总计68场。

(7) 21名运动员参赛,比赛分两个阶段进行。

第一阶段,分4个小组,第一、二、三个小组5名,第四个小组6名,进行循环赛决出名次。第一阶段合计45场比赛。

第二阶段,决1~16名的比赛方法参照(6)20名运动员参赛的第二阶段;4个小组中的第5名和第6名运动员,采用单淘汰加附加赛决出17~21名。第二阶段合计29场比赛。

总计74场。

22名至27名运动员参赛,依次类推。

(8) 28名运动员参赛,比赛分两个阶段进行。

第一阶段,分4个小组,每组7人,进行循环赛决出名次。第一阶段合计84场比赛。

第二阶段,决1~28名的比赛方法参照(6)20名运动员参赛第二阶段;决出1~28名。第二阶段合计40场比赛。

总计124场。

三、每个组别29至51名运动员参加比赛

每个组别29至51名运动员参加比赛(见表4-3),分两个阶段进行,第一阶段循环赛,第二阶段淘汰赛加附加赛,不分级。

(1) 29名运动员参加比赛,分两个阶段。

第一阶段,分6个小组,第一组4名,第二至六每组5名,合计56场比赛。

第二阶段,各小组的第一名的6名运动员,决1~6名;第二名的6名运动员,决7~12名;第三名的6名运动员,决13~18名;第四名的6名运动员,决19~24名;第五名的5名运动员,决25~29名。第二阶段合计33场比赛。

总计89场。

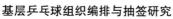

表4-3 29至51名运动员按积分排名分组比赛方案

| 人数 | 第一阶段（循环赛） | | | | | | | | | | | | 第二阶段（单淘汰赛加附加赛） | | | | | | | | 场数总计 |
	分级	组*人	轮次1	2	3	4	5	6	7	小计	合计	参赛人数	分组	轮次1	2	3	4	5	小计	合计	
29	0	1*4	2	2	2					6	56	24	4*6	8	8	12			28	33	89
		5*5	10	10	10	10	10			50		5	25~29	1	2	2			5		
⋮																					
32	0	4*5	8	8	8	8				40	70	24	4*6	8	8	12			28	40	110
		2*6	6	6	6	6	6			30		8	25~33	4	4	4			12		
33	0	3*5	6	6	6	6	6			30	75	30	5*6	10	10	15			35	38	113
		3*6	9	9	9	9	9			45		3（循环）	31~33	1	1	1			3		
34	0	2*5	4	4	4	4	4			20	80	30	5*6	10	10	15			35	39	119
		4*6	12	12	12	12	12			60		4	31~34	2	2	2			4		
⋮																					
38	0	4*6	12	12	12	12	12			60	102	36	5*6	10	10	15			35	47	149
		2*7	6	6	6	6	6	6	6	42		8	31~38	4	4	4			12		
39	0	3*6	9	9	9	9	9			45	108	36	6*6	12	12	18			42	45	153
		3*7	9	9	9	9	9	9	9	63		3（循环）	37~39	1	1	1			3		
40	0	8*5	16	16	16	16	16			80	80	40	5*8	20	20	20			60	60	140
⋮																					
51	0	5*6	15	15	15	15	15			75	138	48	6*8	24	24	24			72	75	213
		3*7	9	9	9	9	9	9	9	63		3（循环）	31~33	1	1	1			3		

30 名、31 名运动员参赛的第二阶段,依次类推。

(2) 32 名运动员参加比赛,分两个阶段。

第一阶段,分组同(1) 29 名运动员参加比赛,合计 70 场。

第二阶段,各小组的第一至第四名的 24 名运动员,决 1～24 名,比赛方法参照(1) 29 名运动员参赛的第二阶段;第五名的 6 名运动员和第六名的 2 名运动员进行淘汰赛加附加赛,决 25～33 名。第二阶段合计 40 场比赛。

总计 110 场。

(3) 33 名运动员参加比赛,分两个阶段。

第一阶段,分组同(1) 29 名运动员参加比赛,合计 75 场。

第二阶段,各小组的第一至第五名的 30 名运动员,决 1～30 名,比赛方法参照(1) 29 名运动员参赛的第二阶段;第六名的 3 名运动员,继续采用循环赛,决 31～33 名。第二阶段合计 38 场比赛。

总计 113 场。

(4) 34 名运动员参加比赛,分两个阶段。

第一阶段分组同(1) 29 名运动员参加比赛,合计 80 场。

第二阶段,各小组的第一至第五名的 30 名运动员,决 1～30 名,比赛方法参照(1) 29 名运动员参赛的第二阶段;第六名的 4 名运动员进行淘汰赛加附加赛,决 31～34 名。第二阶段合计 39 场比赛。

总计 119 场。

35 名至 38 名运动员参赛的第二阶段,依次类推。

(5) 39 名运动员参加比赛,分两个阶段。

第一阶段分组同(1) 29 名运动员参加比赛,合计 108 场。

第二阶段,各小组的第一至第六名的 36 名运动员,决 1～36 名,比赛方法参照(1) 29 名运动员参赛的第二阶段;第七名的 3 名运动员,继续采用循环赛,决 37～39 名。第二阶段合计 45 场比赛。

总计 153 场。

(6) 40 名运动员参加比赛,分两个阶段。

第一阶段分 8 个小组,每组 5 名,合计 80 场比赛。

第二阶段,各小组的第一名的 8 名运动员,决 1～8 名;第二名的 8 名运动员,决 9～16 名;第三名的 8 名运动员,决 17～24 名;第四名的 8 名运动员,决

25~32名;第五名的8名运动员,决33~40名。第二阶段合计60场比赛。

总计140场。

41名至50名运动员参赛的第二阶段,依次类推。

(7)51名运动员参加比赛,分两个阶段。

第一阶段分8个小组,第一至五组每组6名,第六至八组每组7名,合计138场比赛。

第二阶段,各小组的第一至第六名的48名运动员,决1~48名,比赛方法参照(6)40名运动员参赛的第二阶段;第七名的3名运动员,继续采用循环赛,决49~51名。第二阶段合计75场比赛。

总计213场。

四、每个组别52至67名运动员参加比赛

每个组别52至67名运动员参加比赛(见表4-4),分两个阶段进行,第一阶段循环赛,第二阶段淘汰赛加附加赛,分A和B二个级别。

(1)52名运动员参加比赛,积分名次1~48名运动员为A级别,积分名次49至52名运动员为B级别。

第一阶段,A级别48名运动员分8组,每组6名运动员;B级别4名运动员分1组。第一阶段合计126场比赛。

第二阶段,A级别各小组的第一名的8名运动员,决1~8名;第二名的8名运动员,决9~16名;第三名的8名运动员,决17~24名;第四名的8名运动员,决25~32名;第五名的8名运动员,决33~40名;第六名的8名运动员与B级别4名运动员进行淘汰赛加附加赛,决41~52名。第二阶段合计80场比赛。

共计206场。

53名至55名运动员参赛,依次类推。

(2)56名运动员参加比赛,积分名次1~48名的运动员为A级别,积分名次49至56名的运动员为B级别。

第一阶段,A级别48名运动员分8组,每组6名运动员;B级别8名运动员分2组,每组4名。第一阶段合计132场比赛。

表4-4　52至67名运动员按积分排名分组比赛方案

第一阶段轮次为第 1~7 列；第二阶段轮次为第 1~5 列（单淘汰赛加附加赛）。

人数	分级	组*人	第一阶段(循环赛)轮次 1	2	3	4	5	6	7	小计	合计	参赛人数	分组	第二阶段轮次 1	2	3	4	5	小计	合计	场数总计
52	A	8*6	24	24	24	24	24			120		40	5*8	20	20	20			60		
	B	1*4	2	2	2					6	126	12	41~52	6	6	4	4		20	80	206
55	A	8*6	24	24	24	24	24			120		40	5*8	20	20	20			60		
	B	1*7	3	3	3	3	3	3	3	21	141	15	41~55	7	7	7	7		28	88	229
56	A	8*6	24	24	24	24	24			120		40	5*8	20	20	20			60		
	B	2*4	4	4	4					12	132	12	41~52	6	6	4	4		20		
												4	53~56	2	2				4	84	216
62	A	8*6	24	24	24	24	24			120		40	5*8	20	20	20			60		
	B	2*7	6	6	6	6	6	6	6	42	162	12	41~52	6	6	4	4		20		
												4	53~56	2	2				4		
												6	57~62	3	2	2			7	91	253
63	A	8*6	24	24	24	24	24			120		40	5*8	20	20	20			60		
	B	3*5	6	6	6	6	6			30	150	11	41~51	5	4	4	4		17		
												6	52~57	3	2	2			7		
												6	58~63	3	2	2			7	91	241
65	A	8*6	24	24	24	24	24			120		40	5*8	20	20	20			60		
	B	1*5	2	2	2	2	2			10		11	41~51	5	4	4	4		17		
		2*6	6	6	6	6	6			30	160	6	52~57	3	2	2			7		
												8	58~65	4	4	2	2		12	96	256
66	A	8*6	24	24	24	24	24			120		40	5*8	20	20	20			60		
	B	3*6	9	9	9	9	9			45	165	11	41~51	5	4	4	4		17		
												6	52~57	3	2	2			7		
												6	58~63	3	2	2			7		
												3(循环)	64~66	3					3	94	259
67	A	8*6	24	24	24	24	24			120		40	5*8	20	20	20			60		
	B	2*6	6	6	6	6	6			30		11	41~51	5	4	4	4		17		
		1*7	3	3	3	3	3	3	3	21	171	6	52~57	3	2	2			7		
												6	58~63	3	2	2			7		
												4	64~67	2	2	2			6	97	268

第二阶段,A级别各小组的第一至第五名的40名运动员,决1~40名,比赛方法参照(1)52名运动员参赛的第二阶段;A级第六名的8名运动员与B级二小组前2名运动员进行淘汰赛加附加赛,决41~52名;B级二小组的第三名和第四名运动员进行淘汰赛加附加赛,决53~56名。第二阶段合计84场。

共计216场。

57名至62名运动员参赛,依次类推。

(3) 63名运动员参加比赛,积分名次1~48名的运动员为A级别,积分名次49至56名的运动员为B级别。

第一阶段,A级别48名运动员分8组,每组6名运动员;B级别15名运动员分3组,每组5名。第一阶段合计150场比赛。

第二阶段,A级别各小组的第一至第五名的40名运动员,决1~40名,比赛方法参照(1)52名运动员参赛的第二阶段;A级第六名的8名运动员与B级各小组第一名运动员进行淘汰赛加附加赛,决41~51名;B级各小组的第二名和第三名运动员进行淘汰赛加附加赛,决52~57名;B级各小组的第四名和第五名运动员进行淘汰赛加附加赛,决58~63名。第二阶段合计91场。

共计241场。

64名至67名运动员参赛,依次类推。

五、每个组别68至100名运动员参加比赛

每个组别68至100名运动员参加比赛(见表4-5),分两个阶段进行,第一阶段循环赛,第二阶段淘汰赛加附加赛。

68至99名运动员参赛分A和B二个级别,100名运动员参赛开始分A、B、C三个级别,每个级别原则上为48名运动员,依次类推。如100名至147名运动员参赛分A、B、C三个级别;148名运动员参赛开始分A、B、C、D四个级别;196名运动员参赛开始分A、B、C、D、E五个级别。

(1) 68名运动员参加比赛,积分名次1~48名的运动员为A级别,积分名次49至68名的运动员为B级别。

表 4 - 5　68 至 100 名及以上运动员按积分排名分组比赛方案

| 人数 | 第一阶段（循环赛） | | | | | | | | | | | | 第二阶段（单淘汰赛加附加赛） | | | | | | | | | 场数总计 |
	分级	组*人	轮次1	轮次2	轮次3	轮次4	轮次5	轮次6	轮次7	小计	合计	参赛人数	分组	轮次1	轮次2	轮次3	轮次4	轮次5	小计	合计	
68	A	8*6	24	24	24	24	24			120	160	40	5*8	20	20	20			60	96	256
	B	4*5	8	8	8	8	8			40		12	41~52	4	4	6	6		20		
												16	4*4	8	8				16		
⋮																					
99	A	8*6	24	24	24	24	24			120	258	40	5*8	20	20	20			60	155	413
	B	5*6	15	15	15	15	15			75		16	41~56	8	8	8	8		32		
	C	3*7	9	9	9	9	9	9	9	63		40	5*8	20	20	20			60		
												3（循环）	97~99	1	1	1			3		
100	A	8*6	24	24	24	24	24			120	246	40	5*8	20	20	20			60	160	406
	B	8*6	24	24	24	24	24			120		16	41~56	8	8	8	8		32		
	C	1*4	2	2	2					6		32	4*8	16	16	16			48		
												12	89~100	4	4	6	6		20		
⋮																					

第一阶段,A级别48名运动员分8组,每组6名运动员;B级别20名运动员分4组。第一阶段合计160场比赛。

第二阶段,A级别各小组的第一至第五名,同名次8名运动员1组进行淘汰赛及附加赛,决出相应的1~40名;第六名的8名运动员与B级别各小组的第一名4名运动员,决41~52名;B级各小组的第二至第四名,同名次4名运动员1组进行淘汰赛及附加赛,决出相应的53~68名。第二阶段合计96场比赛。

共计256场。

69名至98名运动员参赛,依次类推。

(2) 99名运动员参加比赛,积分名次1~48名的运动员为A级别,积分名次49至99名的运动员为B级别。

第一阶段,A级别48名运动员分8组,每组6名运动员;B级别51名运动员分8组,第一至五组6名,第六至八组每组7名。第一阶段合计258场比赛。

第二阶段,A级别各小组的第一至第五名,同名次8名运动员1组进行淘汰赛及附加赛,决出相应的1~40名;第六名的8名运动员与B级别各小组的第一名8名运动员,决41~56名;B级各小组的第二至第六名,同名次8名运动员1组进行淘汰赛及附加赛,决出相应的57~96名;B级各小组的第七名3名运动员,继续采用循环赛。第二阶段合计155场比赛。

共计413场。

(3) 100名运动员参加比赛,积分名次1~48名的运动员为A级别,积分名次49至96名的运动员为B级别,积分名次97至100名的运动员为C级别。

第一阶段,A级别48名运动员分8组,每组6名运动员;B级别48名运动员分8组,每组6名运动员;C级别4名运动员分1组。第一阶段合计246场比赛。

第二阶段,决1~88名的比赛方法参照(2)99名运动员参赛的第二阶段;B级第六名的8名运动员与C级别4名运动员进行淘汰赛加附加赛,决89~100名。第二阶段合计160场比赛。

共计406场。

100名以上运动员参赛,依次类推。

六、运动员按积分排名分组比赛方案实例

运动员按积分排名分组比赛方案(见表 4-6)。

(1) 男子 05 组 37 名运动员参赛,有积分排名的运动员 20 名。

第一阶段,不分级,分 6 个小组,第一至五组每组 6 名,第六组 7 名。第一阶段合计 96 场比赛。

第二阶段,各小组的第一至第五名,同名次 6 名运动员 1 组进行淘汰赛及附加赛,决出相应的 1~30 名;第六名的 6 名运动员与第七名的 1 名运动员 1 组进行淘汰赛及附加赛,决 31~37 名。第二阶段合计 140 场比赛。

共计 236 场。

(2) 男子 06 组 81 名运动员参赛,有积分排名的运动员 43 名。

第一阶段,A 级 43 人,分 8 个小组,第一至三组每组 6 人,第四至八组每组 5 人;B 级 38 人,分 6 个小组,第一至四组每组 6 人,第五至六组每组 7 人。第一阶段合计 197 场比赛。

第二阶段,A 级别各小组的第一至第五名,同名次 8 名运动员 1 组进行淘汰赛及附加赛,决出相应的 1~40 名;第六名的 3 名运动员与 B 级别各小组的第一名 6 名运动员 1 组进行淘汰赛及附加赛,决 41~49 名;B 级各小组的第二至第五名,同名次 6 名运动员 1 组进行淘汰赛及附加赛,决出相应的 50~73 名;B 级各小组的第六名 6 名与第七名 2 名运动员 1 组进行淘汰赛及附加赛,决 74~81 名。第二阶段合计 113 场比赛。

共计 310 场。

(3) 男子 07 组 134 名运动员参赛,有积分排名的运动员 85 名。

第一阶段,A 级 48 人,分 8 个小组,每组 6 人;B 级 37 人,分 6 个小组,第一至五组每组 6 人,第六组 7 人;C 级 49 人,分 8 个小组,第一至七组每组 6 人,第八组 7 人。第一阶段合计 342 场比赛。

第二阶段,A 级别各小组的第一至第五名,同名次 8 名运动员 1 组进行淘汰赛及附加赛,决出相应的 1~40 名;第六名的 8 名运动员与 B 级别各小组的第一名 6 名运动员,决 41~54 名;B 级各小组的第二至第五名,同名次 6 名运动员 1 组进行淘汰赛及附加赛,决出相应的 55~78 名;B 级各小组的

表 4－6 运动员按积分排名分组比赛方案实例

组别	参赛总数 男	参赛总数 女	已获排名	分级	小组人数	第一阶段 R1	R2	R3	R4	R5	R6	R7	小计男	小计女	合计	参赛 男	参赛 女	分组	第二阶段 R1	R2	R3	R4	R5	小计男	小计女	合计	场数总计 总	男	女
M05	37		20		5*6	15	15	15	15	15			75		96	30		5*6	10	10	15			35		44	140	140	
					1*7	3	3	3	3	3	3	3	21			7		31~37	3	3	3			9					
M06	81		43	A	5*5	10	10	10	10	10			50		197	40		5*8	20	20	20			60		113	310	310	
					3*6	9	9	9	9	9			45			9		41~49	1	4	4	4		13					
				B	4*6	12	12	12	12	12			60			24		4*6	8	8	12			28					
					2*7	6	6	6	6	6	6	6	42			8		73~80	4	4	4			12					
M07	134		85	A	8*6	24	24	24	24	24			120		342	40		5*8	20	20	20			60		202	544	544	
				B	5*6	15	15	15	15	15			75			14		41~54	6	6	6	7		25					
					1*7	3	3	3	3	3	3	3	21			24		4*6	8	8	12			28					
				C	7*6	21	21	21	21	21			105			15		79~93	7	7	7	7		28					
					1*7	3	3	3	3	3	3	3	21			32		4*8	16	16	16			48					
																9		126~134	1	4	4	4		13					
M10	158		97	A	8*6	24	24	24	24	24			120		370	40		5*8	20	20	20			60		260	630	630	
					1*5	2	2	2	2	2			10			16		41~56	8	8	8	8		32					
				B	7*6	21	21	21	21	21			105			32		4*8	16	16	16			48					
					9*5	18	18	18	18	18			90			19		89~107	3	8	8	9	9	37					
				C	3*6	9	9	9	9	9			45			48		4*12	16	16	24	24		80					
																3	循环	156~158	1	1	1			3					
W07		50	30	A	6*5	12	12	12	12	12				60	100		24	4*6	8	8	12				28	59	159		159
				B	4*5	8	8	8	8	8				40			10	25~34	2	4	4	5			15				
																	16	4*4	8	8					16				
W08		56	34	A	2*5	4	4	4	4	4				20	130		30	5*6	10	10	15				35	66	196		196
					4*6	12	12	12	12	12				60			8	31~38	4	4	4				12				
				B	2*5	4	4	4	4	4				20			12	3*4	6	6					12				
					2*6	6	6	6	6	6				30			6	51~56	2	2	2				7				

第六名 6 名、第七名 1 名与 C 级别各小组的第一名 8 名运动员 1 组进行淘汰赛及附加赛,决 79~93 名;C 级各小组的第二至第五名,同名次 8 名运动员 1 组进行淘汰赛及附加赛,决出相应的 94~125 名;C 级各小组的第六名 8 名与第七名 1 名运动员 1 组进行淘汰赛及附加赛,决 126~134 名。第二阶段合计 202 场比赛。

共计 544 场。

(4) 男子 10 组 158 名运动员参赛,有积分排名的运动员 97 名。

第一阶段,A 级 48 人,分 8 个小组,每组 6 人;B 级 49 人,分 8 个小组,第一组 5 人,第二组至八组每组 6 人;C 级 63 人,分 12 个小组,第一组至九组每组 5 人,第十组至十二组每组 6 人。第一阶段合计 370 场比赛。

第二阶段,A 级别各小组的第一至第五名,同名次 8 名运动员 1 组进行淘汰赛及附加赛,决出相应的 1~40 名;第六名的 8 名运动员与 B 级别各小组的第一名 8 名运动员,决 41~56 名;B 级各小组的第二至第五名,同名次 8 名运动员 1 组进行淘汰赛及附加赛,决出相应的 57~88 名;B 级各小组的第六名 6 名 7 名与 C 级别各小组的第一名 12 名运动员 1 组进行淘汰赛及附加赛,决 89~107 名;C 级各小组的第二至第五名,同名次 12 名运动员 1 组进行淘汰赛及附加赛,决出相应的 108~155 名;C 级各小组的第六名 3 名运动员 1 组,继续采用循环赛,决 156~158 名。第二阶段合计 260 场比赛。

共计 630 场。

(5) 女子 07 组 50 名运动员参赛,有积分排名的运动员 30 名。

第一阶段,A 级 30 人,分 6 个小组,每组 5 人;B 级 20 人,分 4 个小组,每组 5 人。第一阶段合计 100 场比赛。

第二阶段,A 级别各小组的第一至第四名,同名次 6 名运动员 1 组进行淘汰赛及附加赛,决出相应的 1~24 名;第五名的 6 名运动员与 B 级别各小组的第一名 4 名运动员,决 25~34 名;B 级各小组的第二至第五名,同名次 4 名运动员 1 组进行淘汰赛及附加赛,决出相应的 35~50 名。第二阶段合计 59 场比赛。

共计 159 场。

(6) 女子 08 组 56 名运动员参赛,有积分排名的运动员 34 名。

比赛方法参照(5)女子 07 组 50 名运动员参赛。

共计 196 场。

第二节　浙江省积分赛抽签原则

一、分组循环赛制（第一阶段）

第一步：根据竞赛办法规定的原则，依据参加比赛的人数的数量要求，进行分级、分组。

第二步：依据积分排序高低的情况，把报名参赛运动员的总积分排名依次蛇形排序；无总积分排名的报名参赛运动员根据已获浙江省级以上主要比赛的成绩进行分组后，再通过电脑随机抽签进入相应的小组；最大和最小年龄组第一站报名或第二站及以后首次报名参赛的运动员如涉及2个年龄段的，也通过电脑随机抽签进入相应的小组。

第三步：根据基本蛇形系统排列原则，按报名参赛运动员排序依次进位。

第四步：如遇同一小组内有2名及以上同一参赛单位运动员的，只有在具备调整条件的前提下，方可进行同一参赛单位排名次者的调整；调整范围仅限被调整者同档运动员，并在保证调整涉及面相对较小的前提下先考虑相邻左右。在相邻左右均有可能进行调整的前提下先考虑与比其（排名）低者进行调整。如遇同一单位参赛人数较多而使调整难度加大的情况，允许在同档次内调整的相邻范围相对扩大。如多个档次均需要调整时，排名在后面的档次先进行调整。如同档次中有2对同单位及以上需要调整者，先调整排名相对高者。

二、分组淘汰赛加附加赛制（第二阶段）

第一步：根据决名次组别数情况，编制第二阶段抽签进位方案。

第二步：根据小组循环赛名次，进行决名次的划分。

第三步：同级内同名次决赛的抽签原则，依据运动员本站报名时的排名名次进行排序，采用跟种子方式依次进位。如同一参赛单位运动员在单淘汰赛加附加赛之中的第一轮相遇，处理方法如下。

(1) 同一参赛单位中排名靠后者进行调整,调整时先与同档位置排名名次后面的运动员进行调整;如调整后还是有同一参赛单位的情况,再与排名名次前面的运动员进行调整;如还是存在同一参赛单位情况,再与同档位置内扩大范围相邻排名名次的运动员进行调整。

(2) 如多个档次均出现需要调整的情况时,排名名次在前面的运动员档次先进行调整;

(3) 如同档次中有 2 名及以上同一参赛单位需要调整者,先调整排名相对高者。

第四步:有同小组循环赛的 2 名运动员进入第二阶段参赛,抽签时,同小组名次相邻(如第一组循环赛后的第四名与第五名运动员)的 2 名运动员应分别抽入不同的半区。如同一参赛单位运动员在第一轮中相遇,排名名次后面的运动员只能在同一半区内位置间进行调整。

第五步:2 个不同级的循环赛小组名次运动员(A 级 8 个小组循环赛的最后一名和 B 级 8 个小组循环赛的第一名运动员)抽签进位原则,方法如下。

(1) 先抽前面一级(A 级)的运动员,依据积分名次,采用跟种子方法进位;

(2) 再抽后面一级(B 级)的运动员,依据积分名次,采用跟种子方法进位;

(3) 同一参赛单位运动员在第一轮相遇,处理方法同上面的第三步。

第六步:若有无排名运动员参加第二阶段抽签,就用电脑随机抽签进行。

第三节　第一阶段循环赛分组实例

浙江省青少年乒乓球积分赛根据积分排名分组比赛方案,分组循环赛采用蛇形排列法的方式进行,确定参赛者在整个比赛过程中相互关系,不需要采用随机的、以机遇对机遇的形式抽签,而是依据参赛者的技术水平(总积分排名)进行固定排序,确保在各平行的循环赛小组间保持实力均衡,人人机会均等,使第一阶段比赛结果合理。比赛实力情况如下:

33 号台:"1＋16＋17＋32＋33＋48＝147"、

34 号台:"2＋15＋18＋31＋34＋47＝147"、

35 号台:"3＋14＋19＋30＋35＋46＝147"、

36 号台:"4＋13＋20＋29＋36＋45＝147"、

37 号台:"5＋12＋21＋29＋37＋44＝147"、

38 号台:"6＋11＋22＋27＋38＋43＝147"、

39 号台:"7＋10＋23＋26＋39＋42＝147"、

40 号台:"8＋9＋24＋25＋40＋41＝147",

每张球台的实力指数都是 147(见表 4－7)。第一阶段抽签原则为蛇形排列法,如同组当中存在同一单位的情况,再进行微调以尽可能达到实力均衡。

表 4－7　48 名参赛运动员蛇形排列法分组定位表

33 台	34 台	35 台	36 台	37 台	38 台	39 台	40 台
1	2	3	4	5	6	7	8
16	15	14	13	12	11	10	9
17	18	19	20	21	22	23	24
32	31	30	29	28	27	26	25
33	34	35	36	37	38	39	40
48	47	46	45	44	43	42	41

例:男子 2008 年组,160 名运动员参加比赛,其中 122 名运动员有积分名次,38 名运动员没有积分名次。

一、A 级组

由于总积分在前 48 名的运动员这站没有报名参赛(总积分为第 10 名的运动员就没有报名参加这次比赛),根据递进原则,第 1 名至第 70 名有积分的 48 名运动员组成了 A 级组(见图 4－1)。

M-2008

24 日 14:30

组\台号	M-08-A-1 33台	M-08-A-2 34台	M-08-A-3 35台	M-08-A-4 36台	M-08-A-5 37台	M-08-A-6 38台	M-08-A-7 39台	M-08-A-8 40台
1	王*羽/海盐校/1	瞿*熙/杭茅小/2	郑*弘/杭西乒/3	翁*洋/宁文英/4	李*宸/杭经纶/5	缪*克/杭茅小/6	倪*瑜/嘉秀实/7	贺*轩/宁文英/8
2	张*勋/海宁乒/19	陈*霖/鄞集小/18	任*涵/平阳校/17	朱*轩/鄞东小/16	应*琛/永大司/14	陈*/杭体馆/13	江蕲*瑞/湖南将/11	任*浩/杭西乒/9
3	姜*锐/常一小/20	潘*/杭西乒/21	段*杰/诸夏候/22	戴*桐/嘉秀实/26	蒋*丞/上虞校/27	郑*阳/杭西乒/28	**罗*城/柯起点/31**	**李*帆/嘉秀实/29**
4	王*涵/义恒谊/43	钱*中/湖飞英/40	**王*翔/鄞二实/38**	**方*羲/杭西乒/39**	吴*睿/东横小/37	朱*昕/海宁乒/36	章*宸/海宁乒/34	钱*表/宁明德/33
5	谢*添/临海古/45	田*奥/宁明德/47	毛*晓/宁瑞一/48	许*博/宁王长/49	任*康/义恒谊/51	徐*奕/萧体育/53	付*杰/松小强/54	邱*哲/杭经纶/57
6	洪*/萧新小/70	**郭*锆/诸夏候/68**	**陈*皓/绍麟诺/69**	邹*涵/海宁乒/67	杨*昊/诸申佰/66	钱*莘/宁明德/63	吴*皓/临海古/59	邢*睿/东开元/58

图 4-1　A 级组运动员的蛇形排列分组定位情况

"王＊羽/海盐校/1",表示"姓名/俱乐部/总积分排名"。王＊羽是这个组别里总积分最高的运动员。按蛇形排列法,第二排中的第10、12、15名运动员没有参加比赛,就由后面名次的运动员递进上来。根据蛇形排列法,第29名(李＊帆/嘉秀实/29)本应该排在 A-7组,第31名(罗＊城/柯起点/31)排在 A-8组,第29名(李＊帆/嘉秀实/29)和第7名的(倪＊瑜/嘉秀实/7)同单位的同在 A-7组,为了使比赛分组更合理,根据竞赛与排名办法中指出的:**调整范围仅限调整者同档运动员,并在保证调整涉及面相对较小的前提下先考虑相邻左右。在相邻左右均有可能进行调整的前提下先考虑与比其(排名)低者进行调整。**所以第29名(李＊帆/嘉秀实/29)排在 A-8组,第31名(罗＊城/柯起点/31)排在 A-7组。

第38名(王＊翔/鄞二实/38)与第39名(方＊羲/杭西乒/39)运动员也是如此,根据办法,由于第39名(方＊羲/杭西乒/39)运动员遇到同单位选手,理应与第40名(钱＊中/湖飞英/40)运动员调换位置,但是如果按这个原则调换,会发现第39名(方＊羲/杭西乒/39)运动员与 A-2组的第21名(潘＊/杭西乒/21)运动员属于同一单位,都是杭西乒,所以将第39名(方＊羲/杭西乒/39)与相邻前面的运动员第38名(王＊翔/鄞二实/38)调换。

第68名(郭＊锜/诸夏候/68)与第69名(陈＊皓/绍麟诺/69)也是如此。第68名(郭＊锜/诸夏候/68)运动员到了 A-2组,第69名(陈＊皓/绍麟诺/69)运动员到了 A-3组。

二、B 级组

根据比赛方案,由于前70名的部分运动员递进到了 A 级组,第71名至第169名内的部分运动员组成了 B 级组(见图4-2)。第114名(陈＊/安景程/114)与第117名(于＊源/诸申佰/117)运动员的分组也是按照前文所说的规则,第114名(陈＊/安景程/114)运动员到了 B-6组,第117名(于＊源/诸申佰/117)运动员到了 B-7组。

第145名(张＊瑞/东二小/145)与第81名(张＊鑫/东二小/81)同单位运动员同在 M-08-B-7组。按照前文所说的规则,第145名(张＊瑞/东

M-2008　24日14:30

组号 台号	M-08-B-1 41台	M-08-B-2 42台	M-08-B-3 43台	M-08-B-4 44台	M-08-B-5 45台	M-08-B-6 46台	M-08-B-7 47台	M-08-B-8 48台
1	丁*赫/象新小/71	龚*菱/湖莲花/72	周*/萧北小/73	吕*铭/永大司/78	易*然/鄞二实/79	林*轩/宁江北/80	张*鑫/东二小/81	王*/仙横溪/82
2	王*/鄞二实/99	蒋*睿/永胡凯/98	万*远/临立博/96	陈*煊/萧银星/95	沈*轩/杭科宁/94	黄*函/杭体馆/88	陈*天/杭经纶/85	李*凯/柯起点/83
3	吴*蒙/诸申佰/101	王*轩/绍飞龙/103	阚*/鄞集小/104	高*桐/鄞钱湖/106	鲁*鑫/湖飞/107	范*瑞/丽莲炫/108	薛*/安景程/109	江*泽/杭体馆/110
4	周*开/丽莲炫/128	周*练/湖练市/127	李*夏/周义冠军/126	杨*轩/诸夏候/124	童*/衢实验/122	陈*/安景程/114	于*源/诸申佰/117	任*铭/东横小/112
5	叶*皓/杭科宁/129	隋*达/义冠军/136	何*敏/义卡卡/137	张*瑞/东二小/145	吴*/杭经纶/141	吴*喆/临立博/143	罗*航/临海大/140	许*鑫/诸申佰/147
6	张*稀/绍飞龙/169	朱*瀚/象新小/167	周*航/临海大/163	潘*/仙中学/161	张*炬/桐茅中/160	吴*铭/萧新小/152	吴*睿/临立博/151	曹*轩/临海少/149

图4-2　B级组运动员的蛇形排列分组定位情况

二小/145)理应与第 147 名(许 ∗ 鑫/诸申佰/147)运动员调换位置,但是如果按这个原则调换,会发现第 147 名(许 ∗ 鑫/诸申佰/147)运动员与 B-7 组的第 117 名(于 ∗ 源/诸申佰/117)运动员属于同一单位,不能换。考虑跟相邻前面的名次第 143 名(吴 ∗ 喆/临立博/143)运动员调换,会发现第 143 名(吴 ∗ 喆/临立博/143)运动员与 B-7 组的第 151 名(吴 ∗ 睿/临立博/151)运动员属于同一单位,不能换。只能在住前相邻运动员第 141 名(吴 ∗ /杭经纶/141)运动员去考虑,发现也不行。所以最后只能跟相邻较远的第 140 名(罗 ∗ 航/临海大/140)运动员去换,第 145 名(张 ∗ 瑞/东二小/145)运动员到了 B-4 组,第 140 名(罗 ∗ 航/临海大/140)运动员到了 B-7 组。

三、C 级组

总积分在第 172~250 名的部分运动员,共 26 人参加了比赛,后面还有无积分无排名的运动员 38 人。如有排名人数与无排名人数之和在 48 人以内的,就安排同级组,现共计为 64 人,所以安排有积分排名的 26 人为 C 级组(见图 4-3)。M-08-C-2 组内第 184 名(高 ∗ 杰/柯清萧/184)和第 197 名(陈 ∗ 帆/柯清萧/197)同单位,M-08-C-3 组第 183 名(盛 ∗ 皓/建捷冠/183)和第 213 名(张 ∗ 荣/建捷冠/213)同单位,按照前文所说的规则,第 197 名(陈 ∗ 帆/柯清萧/197)到 C-3 组,第 199 名(罗 ∗ 帆/临海大/199)到 C-2 组;第 213 名(张 ∗ 荣/建捷冠/213)到 C-2 组,第 214 名(吴 ∗ 磊/洞昊星/214)到 C-3 组。在 C-1 组的第 240 名(刘 ∗ 诚/永胡凯/240)和 C-2 组的第 250 名(罗 ∗ 杭/萧体育/250)这两名运动员为蛇形排列的尾巴号运动员,经调整后第 240 名(刘 ∗ 诚/永胡凯/240)进入 C-4 组和第 250 名(罗 ∗ 杭/萧体育/250)进入 C-3 组更合理。

四、D 级组

无积分排名的 38 名运动员为 D 级组,分 6 个组随机抽签,抽签结果见图 4-4。

M-2008
24日14:30

组台号	M-08-C-1 49台	M-08-C-2 50台	M-08-C-3 51~52台	M-08-C-4 52~53台
1	王*键 东二小/172	何*儒 鄞钟小/176	朱*毅 仙中学/178	应*泽 建捷冠/179
2	于*威 临海大/186	高*杰 柯清萧/184	盛*皓 建捷冠/183	程*琪 丽莲炫/182
3	陈*赫温 育英/191	罗*帆临 海大/199	陈*帆 柯清萧/197	王*飞 安景程/205
4	滕*越 东晓峰/216	张*荣建 捷冠/213	吴*磊洞 昊星/214	李*锦洞 昊星/206
5	王*宇洞 昊星/220	赵*安东 二小/222	黄*宇东 新星/225	张*鑫镇 海外/226
6	童*杰宁 王长/238	胡*宸东 晓峰/236	马*哲宁 明星/230	桑*凯萧 新小/227
7			罗*杭萧 体育/250	刘*诚永 胡凯/240

M-2008
24日14:30

组台号	M-08-C-1 49~50台	M-08-C-2 50~51台	M-08-C-3 52台	M-08-C-4 53台
1	王*键 东二小/172	何*儒 鄞钟小/176	朱*毅/仙 中学/178	应*泽/建 捷冠/179
2	于*威/临 海大/186	高*杰/柯 清萧/184	盛*皓/建 捷冠/183	程*琪/丽 莲炫/182
3	陈*赫温 育英/191	陈*帆/柯 清萧/197	罗*帆/临 海大/199	王*飞/安 景程/205
4	滕*越/东 晓峰/216	吴*磊/洞 昊星/214	张*荣/建 捷冠/213	李*锦/洞 昊星/206
5	王*宇/洞 昊星/220	赵*安/东 二小/222	黄*宇/浦 新星/225	张*鑫/镇 海外/226
6	童*杰/宁 王长/238	胡*宸/东 晓峰/236	马*哲/宁 明星/230	桑*凯/萧 新小/227
7	刘*诚/永 胡凯/240	罗*杭/萧 体育/250		

图4-3 C级组运动员的蛇形排列分组定位情况

M-2008

24日 14:30

组号	M-08-D-1	M-08-D-2	M-08-D-3	M-08-D-4	M-08-D-5	M-08-D-6
台号	30~31台	31~32台	17~32台	29台	28台	33~48台
1	王*宇/杭林馆/	陈*杰/杭育博/	姜*铭/杭西乒/	谢*逵/杭动城/	莫*柯/萧银星/	陈*凡/萧新小/
2	蒋*哲/桐庐浩/	沈*飒/临立博/	陈*宏/丽莲烇/	叶*轩/建明珠/	张*宇/萧新小/	郑*懿/建体校/
3	俞*畅/温育英/	柴*涵/桐庐浩/	黄*程/瓯珵小/	宋*童/苍星海/	曾*洋/平阳校/	黄*睿/苍星海/
4	冯*哲/海宁乒/	翁*捷/柯起点/	许*昊/苍星海/	苏*铭/平阳校/	胡*一/丽莲烇/	俞*超/清浣纱/
5	王*宇/湖练市/	王*易/义卡卡/	吴*宇/东晓峰/	陈*锋/东横小/	蒋*靖/东吴宁/	林*宇/临海少/
6	陈*畅/青实小/	潘*迪/丽莲烇/	张*原/建明珠/	刘*格/丽莲烇/	陈*睿/苍星海/	黄*藤/临海沿/
7	赵*诏/缙战狼/	邱*安/松实小/				

图4-4 D级组运动员抽签分组定位情况

第四节　第二阶段淘汰赛编排实例

浙江省青少年乒乓球积分赛根据积分排名分组比赛方案,采用单淘汰赛加附加赛。第二阶段的编排采用"跟种子"积分名次定位技术。16 个位置"跟种子"技术的积分名次定位顺序表如表 1-12 所示。

一、依据运动员实力指数定位

采用"跟种子"积分名次定位技术,目的是保持每个级别"区"的运动员总实力指数相当。表 4-8 中,各 1/8 区实力指数 17,各 1/4 区实力指数 34,各 1/2 区实力指数 68。

1. 第 1、2 号积分名次的定位

将积分排名第 1 的运动员定位于 1/2 区的顶部 1 号位置。

将积分排名第 2 的运动员定位于 2/2 区的底部 16 号位置。

2. 第 3、4 号积分名次的定位

积分排名第 3 的运动员应"跟"积分排名第 2 的运动员进入同一个 1/2 区,但位于不同的 1/4 区(第 3 个 1/4 区)的顶部 9 号位置。

积分排名第 4 者应"跟"积分排名第 1 者进入同一个 1/2 区,但位于不同的 1/4 区(第 2 个 1/4 区)的底部 8 号位置。

3. 积分排名第 5~8 的运动员的定位

积分排名第 5 者应"跟"积分排名第 4 者进入同一个 1/4 区,但位于不同的 1/8 区(第 3 个 1/8 区)的顶部 5 号位置。

积分排名第 6 者应"跟"积分排名第 3 者进入同一个 1/4 区,但位于不同的 1/8 区(第 6 个 1/8 区)的底部 12 号位置。

积分排名第 7 者应"跟"积分排名第 2 者进入同一个 1/4 区,但位于不同的 1/8 区(第 7 个 1/8 区)的顶部 13 号位置。

积分排名第 8 者应"跟"积分排名第 1 者进入同一个 1/4 区,但位于不同的 1/8 区(第 2 个 1/8 区)的底部 4 号位置。

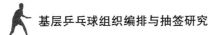

表4-8 "跟种子"技术的积分名次定位顺序表

分区				位置号	种子序号	实力指数之和		
1/2区	1/4区	1/8区	1/16区			1/8区	1/4区	1/2区
1	1	1	1	**1**	1	1+16=17	1+16+9+8=34	1+16+9+8+5+12+13+4=68
			2	**2**	16			
		2	3	**3**	9	9+8=17		
			4	**4**	8			
	2	3	5	**5**	5	5+12=17	5+12+13+4=34	
			6	**6**	12			
		4	7	**7**	13	13+4=17		
			8	**8**	4			
2	3	5	9	**9**	3	3+14=17	3+14+11+6=34	3+14+11+6+7+10+15+2=68
			10	**10**	14			
		6	11	**11**	11	11+6=17		
			12	**12**	6			
	4	7	13	**13**	7	7+10=17	7+10+15+2=34	
			14	**14**	10			
		8	15	**15**	15	15+2=17		
			16	**16**	2			

4. 积分排名第 9~16 的运动员的定位

积分排名第 9 者应"跟"积分排名第 8 者进入同一个 1/8 区,但位于不同的 1/16 区(第 3 个 1/16 区)的 3 号位置。

积分排名第 10 者应"跟"积分排名第 7 者进入同一个 1/8 区,但位于不同的 1/16 区(第 13 个 1/16 区)的 13 号位置。

积分排名第 11 者应"跟"积分排名第 6 者进入同一个 1/8 区,但位于不同的 1/16 区(第 11 个 1/16 区)的 11 号位置。

积分排名第 12 者应"跟"积分排名第 5 者进入同一个 1/8 区,但位于不同的 1/16 区(第 6 个 1/16 区)的 6 号位置。

积分排名第 13 者应"跟"积分排名第 4 者进入同一个 1/8 区,但位于不同的 1/16 区(第 7 个 1/16 区)的 7 号位置。

积分排名第 14 者应"跟"积分排名第 3 者进入同一个 1/8 区,但位于不同的 1/16 区(第 10 个 1/16 区)的 10 号位置。

积分排名第 15 者应"跟"积分排名第 2 者进入同一个 1/8 区,但位于不同的 1/16 区(第 15 个 1/16 区)的 15 号位置。

积分排名第 16 者应"跟"积分排名第 1 者进入同一个 1/8 区,但位于不同的 1/16 区(第 2 个 1/16 区)的 2 号位置。

二、依据积分排名定位

例: 男 2007 组 A 级第一阶段 8 个组的第一名(见图 4-5)决 1~8 名。

第二阶段采用"跟种子"积分名次定位技术,依据积分排名,安排 A 级第一名的运动员(徐 * 元/杭经纶/1、方 * 哲/镇海外/3、郑 * 文/杭经纶/7、汪 * 晨/海盐校/8、寿 * 浩/诸夏候/21、金 * 佳/临海古/43、徐 * 城/诸申佰/54、徐 * 航/镇海外/58)依次进入 1、8、5、4、3、6、7、2 号位置(见图 4-6)。

男 2007 组	
序号	A 级各组第一名
1	徐 * 元/杭经纶/1
2	方 * 哲/镇海外/3
3	郑 * 文/杭经纶/7
4	汪 * 晨/海盐校/8
5	寿 * 浩/诸夏候/21
6	金 * 佳/临海古/43
7	徐 * 城/诸申佰/54
8	徐 * 航/镇海外/58

图 4-5　男 2007 组 A 级各组第一名运动员

位置号	种子序号	运动员	种子序号
1	1	徐＊元/杭经纶/1	
2		徐＊航/镇海外/58	8
3		寿＊浩/诸夏候/21	5
4	4	汪＊晨/海盐校/8	
5	3	郑＊文/杭经纶/7	
6		金＊佳/临海古/43	6
7		徐＊城/诸申佰/54	7
8	2	方＊哲/镇海外/3	

图 4-6　男 2007 组 A 组第二阶段淘汰赛定位(决 1～8 名)

例：男 2007 组 B 级第一阶段 8 个组第二名(见图 4-7)决 57～64 名。

男 2007 组	
序号	B 级各组第二名
1	王＊源/温育英/69
2	徐何＊贤/杭体馆/73
3	张＊阳/温育英/78
4	谢＊晨/宁明星/88
5	李＊昊/湖飞英/90
6	杨＊宇/余杭兵/105
7	王＊艺/杭体馆/127
8	陈＊睿/绍新实/165

图 4-7　男 2007 组 B 级各组第二名运动员

　　第二阶段采用"跟种子"积分名次定位技术,依据积分排名,安排 B 级第二名的运动员(王＊源/温育英/69、徐何＊贤/杭体馆/73、张＊阳/温育英/78、谢＊晨/宁明星/88、李＊昊/湖飞英/90、杨＊宇/余杭兵/105、王＊艺/杭体馆/127、陈＊睿/绍新实/165)依次进入 1、8、5、4、3、6、7、2 号位置。"徐何＊贤/杭体馆/73"与"王＊艺/杭体馆/127"第一轮同单位相遇,根据前文所说的规则,"王＊艺/杭体馆/127"与"陈＊睿/绍新实/165"调整位置号,"王＊艺/杭体馆/127"到 2 号位置,"陈＊睿/绍新实/165"到 7 号位置(见图 4 - 8)。

位置号	种子序号	运动员		种子序号
1	1	王＊源/温育英/69		
2			陈＊睿/绍新实/165	8
3			李＊昊/湖飞英/90	5
4	4	谢＊晨/宁明星/88		
5	3	张＊阳/温育英/78		
6			杨＊宇/余杭兵/105	6
7			王＊艺/杭体馆/127	7
8	2	徐何＊贤/杭体馆/73		

图 4 - 8　男 2007 组 B 组第二阶段淘汰赛定位(决 57～64 名)

例:男 2009 组 A 级 8 个组的第六名与 B 级 8 个组的第一名(见图 4 - 9)决 41～56 名。

男 2009 组		
序号	A 级各组第六名	B 级各组第一名
1	孙＊豪/上虞龙/14	王＊晨/常一小/188
2	毕＊辰/宁明星/31	吴＊海/鄞东小/61
3	陈＊程/温育英/36	田＊夫/柯起点/115
4	蒋＊通/绍银鹰/42	戴＊晟/诸申佰/146
5	章＊锯/平阳校/48	盛＊涵/湖莲花/150
6	朱＊天/宁文英/55	周＊涛/杭科宁/96
7	张＊渊/宁明星/50	朱＊阳/江飞扬/63
8	陈＊宇/余姚阳/51	杨＊林/鄞二实/173

图 4 - 9　男 2009 组 A 级各组第六名与 B 级各组第一名运动员

第二阶段采用"跟种子"积分名次定位技术,依据积分排名,安排 A 级第六名的运动员(孙 * 豪/上虞龙/14、毕 * 辰/宁明星/31、陈 * 程/温育英/36、蒋 * 通/绍银鹰/42、章 * 镪/平阳校/48、张 * 渊/宁明星/50、陈 * 宇/余姚阳/51、朱 * 天/宁文英/55)依次进入 1、16、9、8、5、12、13、4 号位置;再安排 B 级第一名的运动员(吴 * 海/鄞东小/61、朱 * 阳/江飞扬/63、周 * 涛/杭科宁/96、田 * 夫/柯起点/115、戴 * 晟/诸申佰/146、盛 * 涵/湖莲花/150、杨 * 林/鄞二实/173、王 * 晨/常一小/188)依次进入 3、14、11、6、7、10、15、2 号位置(见图 4-10)。

位置号	种子序号	运动员	种子序号
1	1	孙 * 豪/上虞龙/14	
2		王 * 晨/常一小/188	16
3		吴 * 海/鄞东小/61	9
4	8	朱 * 天/宁文英/55	
5	5	章 * 镪/平阳校/48	
6		田 * 夫/柯起点/115	12
7		戴 * 晟/诸申佰/146	13
8	4	蒋 * 通/绍银鹰/42	
9	3	陈 * 程/温育英/36	
10		盛 * 涵/湖莲花/150	14
11		周 * 涛/杭科宁/96	11
12	6	张 * 渊/宁明星/50	
13	7	陈 * 宇/余姚阳/51	
14		朱 * 阳/江飞扬/63	10
15		杨 * 林/鄞二实/173	15
16	2	毕 * 辰/宁明星/31	

图 4-10 男 2009 组第二阶段淘汰赛定位(决 41～56 名)

例:男子 2008 组 A 级 8 个组的第六名与 B 级 8 个组的第一名(见图 4-11)决 41～56 名。

男 2008 组		
序号	A 级各组第六名	B 级各组第一名
1	钱＊丞/诸夏候/12	蒋＊丞/上虞龙/130
2	应＊琛/永大司/58	蒋＊睿/嵊揽胜/62
3	邹＊宁/海宁乒/57	付＊杰/松小强/104
4	谢＊宇/上虞龙/39	邱＊哲/杭经纶/109
5	汪＊乔/镇海外/29	任＊康/义恒谊/112
6	张＊轩/嘉秀实/52	徐＊奕/萧体育/94
7	周＊/萧北小/44	张＊勋/海宁乒/77
8	朱＊锴/上虞龙/16	郭＊睿/上虞龙/113

图 4 - 11　男 2008 组 A 级各组第六名与 B 级各组第一名运动员

　　第二阶段采用"跟种子"积分名次定位技术,依据积分排名,安排 A 级第六名的运动员(钱＊丞/诸夏候/12、朱＊锴/上虞龙/16、汪＊乔/镇海外/29、谢＊宇/上虞龙/39、周＊萧北小/44、张＊轩嘉秀实/52、邹＊宁/海宁乒/57、应＊琛/永大司/58)依次进入 1、16、9、8、5、12、13、4 号位置;再安排 B 级第一名的运动员(蒋＊睿/嵊揽胜/62、张＊勋/海宁乒/77、徐＊奕/萧体育/94、付＊杰/松小强/104、邱＊哲/杭经纶/109、任＊康/义恒谊/112、郭＊睿/上虞龙/113、蒋＊丞/上虞龙/130)依次进入 3、14、11、6、7、10、15、2 号位置(见图 4 - 12)。

　　我们发现第二阶段第一轮,"邹＊宁/海宁乒/57"与"张＊勋/海宁乒/77"属于同一单位,故依据前文所述原则,将"张＊勋/海宁乒/77"与积分排名低者"徐＊奕/萧体育/94"进行调整。"朱＊锴/上虞龙/16"与"郭＊睿/上虞龙/113"属于同一单位,根据调整原则,将"郭＊睿/上虞龙/113"与"蒋＊丞/上虞龙/130"对调,但发现他们也是属于同一单位,故只能与排名较高者对调,将"郭＊睿/上虞龙/113"与"任＊康/义恒谊/112"对调(见图 4 - 13)。

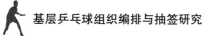

位置号	种子序号	运动员		种子序号
1	1	钱＊丞/诸夏候/12		
2			蒋＊丞/上虞龙/130	16
3			蒋＊睿/嵊揽胜/62	9
4	8	应＊琛/永大司/58		
5	5	周＊/萧北小/44		
6			付＊杰/松小强/104	12
7			邱＊哲/杭经纶/109	13
8	4	谢＊宇/上虞龙/39		
9	3	汪＊乔/镇海外/29		
10			任＊康/义恒谊/112	14
11			徐＊奕/萧体育/94	11
12	6	张＊轩/嘉秀实/52		
13	7	邹＊宁/海宁乒/57		
14			张＊勋/海宁乒/77	10
15			郭＊睿/上虞龙/113	15
16	2	朱＊锴/上虞龙/16		

图 4-12　男 2008 组第二阶段淘汰赛定位(决 41～56 名)

位置号	种子序号	运动员		种子序号
1	1	钱＊丞/诸夏候/12		
2			蒋＊丞/上虞龙/130	16
3			蒋＊睿/嵊揽胜/62	9
4	8	应＊琛/永大司/58		
5	5	周＊/萧北小/44		
6			付＊杰/松小强/104	12
7			邱＊哲/杭经纶/109	13
8	4	谢＊宇/上虞龙/39		
9	3	汪＊乔/镇海外/29		
10			郭＊睿/上虞龙/113	14
11			张＊勋/海宁乒/77	11
12	6	张＊轩/嘉秀实/52		
13	7	邹＊宁/海宁乒/57		
14			徐＊奕/萧体育/94	10
15			任＊康/义恒谊/112	15
16	2	朱＊锴/上虞龙/16		

图 4-13　男 2008 组第二阶段淘汰赛(调整后)定位(决 41～56 名)

第五章

实践案例

第一节　全国青少年乒乓球等级联赛比赛方法

2017年10月1日至6日，全国首届"筋斗云"青少年乒乓球等级联赛在嘉兴市海盐体育馆举行，比赛有51个俱乐部、464名运动员参赛，比赛需16张球台。各组别参赛情况见表5-1。

表5-1　全国首届青少年乒乓球等级联赛各组别参赛情况表

组　别	参赛队		运动员	
	男	女	男	女
甲组	15	9	45	29
乙组	26	11	82	36
丙组	37	22	121	68
丁组	15	9	52	31
总计	93	51	300	164

一、比赛说明

团体比赛、单项比赛各分两个阶段进行，第一阶段小组循环赛，第二阶段淘汰赛加附加赛。团体比赛第二阶段单淘汰赛加附加赛决出所有名次；

单项比赛第二阶段单淘汰赛加附加赛决出 1～16 名(并列第 5 名,并列第 9 名)。

团体比赛以 3 或 4 个队为一组,比赛 3 轮;单项比赛以 5 或 6 个人为一组,比赛 5 轮。

由于比赛球台和时间的限制,团体、单打的每场比赛采用 3 局 2 胜制,团体、单打进入第二阶段前八名后,采用 11 分制。1/4 决赛、半决赛、决赛为 5 局 3 胜制,附加赛为 3 局 2 胜制。

团体第一阶段运动队抽签不设种子,当场电脑随机抽取 3 套结果,再由各队派代表抽取 1 套抽签结果作为本次团体的比赛。第二阶段抽签电脑随机抽。

团体第一阶段分 3 组的,全部运动队进入第二阶段进行淘汰赛加附加赛。

团体第一阶段分 4～8 个小组的,第二阶段,各小组的 1～2 名为一小组进行淘汰赛加附加赛决出名次;各小组 3～4 名为一小组进行淘汰赛加附加赛决出名次。名次计算,根据第二阶段各决名次段的情况依次计算。如第一阶段各小组 1～2 名有 14 人,那么第一阶段各小组 3～4 名的名次从 15 名后开始计算。

团体第一阶段分 9 组及以上的,第二阶段,各小组的 1～2 名为一小组进行淘汰赛加附加赛决出名次;其余同名次为一小组进行淘汰赛加附加赛决出名次决赛。名次计算同上。

单打第一阶段,根据团体名次,给前 8 名的队各设 1 名种子,其余的运动员电脑随机抽。第二阶段,依据第一阶段比赛前设立 8 名种子的组内比赛所取得的第一名运动员,设立为第二阶段抽签时的 8 位种子,后电脑随机抽。

单打第一阶段分 5 组的,第二阶段,各小组前 4 名进行淘汰加赛附加赛。

单打第一阶段分 6～7 个小组的,第二阶段,各小组前 3 名进行淘汰加赛附加赛。

单打第一阶段分 8 个小组以上的,第二阶段,各小组前 2 名进行淘汰加赛附加赛。

二、团体比赛分组方案(见表 5 - 2)

甲组男子 15 队,第一阶段分 4 个小组,第一组 3 个队,第二、三、四组 4 个队,进行循环赛。第二阶段各小组前 2 名共 8 个队,采用淘汰赛加附加赛的形式决 1~8 名;各小组 3 至 4 名共 7 个队,采用淘汰赛加附加赛的形式决出 9~15 名。

甲组女子 9 队,第一阶段分 3 个小组,各小组 3 个队。9 个队全部运动队进入第二阶段的比赛,采用淘汰赛加附加赛的形式决出 1~9 名。

乙组女子 11 队,第一阶段分 3 个小组,第一组 3 个队,第二、三组 4 个队,进行循环赛。11 个队全部运动进入第二阶段的比赛,采用淘汰赛加附加赛的形式决出 1~11 名。

丙组男子 37 队,第一阶段分 10 个小组,第一至三组 3 个队,第四至十组 4 个队进行循环赛。第二阶段各小组前 2 名共 20 个队,采用淘汰赛加附加赛的形式决出 1~20 名;各小组 3 名共 10 个队,采用淘汰赛加附加赛的形式决出 21~30;第四至第十组的第 4 名共 7 个队,采用淘汰赛加附加赛的形式决出 31~37 名。

丙组女子 22 队,第一阶段分 6 个小组,第一、二组 3 个队,第三至六组 4 个队,进行循环赛。第二阶段各小组前 2 名共 12 个队,采用淘汰赛加附加赛的形式决出 1~12 名;各小组 3、4 名共 10 个队,采用淘汰赛加附加赛的形式决出 13~22 名。

丁组男子 15 队,同甲组男子方法。女子 9 个队,同甲组女子方法。

三、单打比赛分组方案(见表 5 - 3)

甲组男子 45 名参赛,第一阶段分 9 组,每组 5 名运动员,进行循环赛;第二阶段各小组前 2 名,共 18 名运动员进行淘汰赛加 3、4 名附加赛(比赛取前三名,所以要加一场决 3、4 名的附加赛)。

甲组女子 29 名参赛,第一阶段分 5 组,第一组 5 名,第二至五组 6 名运动员,进行循环赛;第二阶段各小组前 4 名,共 20 名运动员进行淘汰赛加 3、4 名附加赛。

表 5－2　团体比赛分组方案

第一阶段（循环赛）：轮次1～5、小计、合计；第二阶段（淘汰赛加附加赛）：轮次1～6、小计、合、合计

组别	项目	总队数	分组数	组*队	轮次1	轮次2	轮次3	轮次4	轮次5	小计	合计	人数	轮次1	轮次2	轮次3	轮次4	轮次5	轮次6	小计	合	合计
甲组	男	15	4	1*3	1	1	1			3	21	8	4	4	4					12	21
				3*4	6	6	6			18		7	3	3	3					9	
	女	9	3	3*3	3	3	3			9	9	9	1	4	4	4				13	13
乙组	男	26	8	6*3	6	6	6			18	30	16	8	8	8	8				32	47
				2*4	4	4	4			12		10	2	4	4	5				15	
	女	11	3	1*3	1	1	1			3	15	11	3	4	5	5				17	17
				2*4	4	4	4			12											
丙组	男	37	10	3*3	3	3	3			9	51	20	4	8	8	10	10			40	64
				7*4	14	14	14			42		10	2	4	4	5				15	
												7	3	3	3					9	
	女	22	6	2*3	2	2	2			6	30	12	4	4	6	6				20	35
				4*4	8	8	8			24		10	2	4	4	5				15	
丁组	男	15	4	1*3	1	1	1			3	21	8	4	4	4					12	21
				3*4	6	6	6			18			7	3	3					9	
	女	9	3	3*3	3	3	3			9	9	9	1	4	4	4				13	13
合计		144								186	186									231	231

表5-3　单打比赛分组方案

组别	项目	总队数	分组数	第一阶段（循环赛）									第二阶段（淘汰赛加附加赛）									场数总计
				小组 组*人数	\轮次\ 1	2	3	4	5	小计	合计	录取名次	人数	\轮次\ 1	2	3	4	5	6	小计	合计	总
甲组	男	45	9	9*5	18	18	18	18	18	90	90	2	18	2	8	4	2	2		18	18	108
	女	29	5	1*5	2	2	2	2	2	10	70	4	20	4	8	4	2	2		20	20	90
				4*6	12	12	12	12	12	60												
乙组	男	82	16	14*5	28	28	28	28	28	140	170	2	32	16	8	4	2	2		32	32	202
				2*6	6	6	6	6	6	30												
	女	36	7	6*5	12	12	12	12	12	60	75	3	21	5	8	4	2	2		21	21	96
				1*6	3	3	3	3	3	15												
丙组	男	121	24	23*5	46	46	46	46	46	230	245	2	48	16	16	8	4	2	2	48	48	293
				1*6	3	3	3	3	3	15												
	女	68	13	10*5	20	20	20	20	20	100	145	2	26	10	8	4	2	2		26	26	171
				3*6	9	9	9	9	9	45												
丁组	男	52	10	8*5	16	16	16	16	16	80	110	2	20	4	8	4	2	2		20	20	130
				2*6	6	6	6	6	6	30												
	女	31	6	5*5	10	10	10	10	10	50	65	3	18	2	8	4	2	2		18	18	83
				1*6	3	3	3	3	3	15												
合计		464								970	970		203							203	203	1 173

乙组男子82名参赛,第一阶段分16组,第一至十四组5名,第十五、十六组6名运动员,进行循环赛;第二阶段各小组前2名,共32名运动员进行淘汰赛加3、4名附加赛。

乙组女子36名参赛,第一阶段分7组,第一至六组5名,第七组6名运动员,进行循环赛;第二阶段各小组前3名,共21名运动员进行淘汰赛加3、4名附加赛。

丙组男子121名参赛,第一阶段分24组,第一至二十三组5名,第二十四组6名运动员,进行循环赛;第二阶段各小组前2名,共48名运动员进行淘汰赛加3、4名附加赛。

丙组女子68名参赛,第一阶段分13组,第一至十组5名,第十一至十三组6名运动员,进行循环赛;第二阶段各小组前2名,共26名运动员进行淘汰赛加3、4名附加赛。

丁组男子52名参赛,第一阶段分10组,第一至八组5名,第九、十组6名运动员,进行循环赛;第二阶段各小组前2名,共20名运动员进行淘汰赛加3、4名附加赛。

丁组女子31名参赛,第一阶段分6组,第一至五组5名,第六组6名运动员,进行循环赛;第二阶段各小组前3名,共18名运动员进行淘汰赛加3、4名附加赛。

第二节　义乌市运会乒乓球比赛编排方案

一、团体比赛编排

(一) 团体赛场次安排

团体赛的分组场次统计表见表5-4,第一阶段为小组循环赛。镇街组男子团体13支代表队,第一阶段分4个小组,第一组至第三组3个队,第四组4个队;女子团体7支代表队,第一阶段2个小组,第一组3个队,第二组4个队。机关组男子团体16支代表队,第一阶段分4个小组,各小组的队数为4个队;女子团体9支代表队,第一阶段分2个小组,第一组4个队,第

表 5 - 4　团体比赛分组场次统计表

组别	项目	队数	分组	小组队数	阶段（循环赛）轮次 1	2	3	4	5	小组场数	合计场数	阶段（淘汰赛加附加赛）轮次 6	7	8	场数	合计场数	总计场数
镇街	男团	13	A	3	1	1	1			3	15	4	4	3	11	11	26
			B	3	1	1	1			3							
			C	3	1	1	1			3							
			D	4	2	2	2			6							
	女团	7	A	3	1	1	1			3	9	2	2		4	6	15
			B	4	2	2	2			6		1	1		2		
机关	男团	16	A	4	2	2	2			6	24	4	4	3	11	11	35
			B	4	2	2	2			6							
			C	4	2	2	2			6							
			D	4	2	2	2			6							
	女团	9	A	4	2	2	2			6	16	2	2		4	7	23
			B	5	2	2	2	2	2	10		2	1		3		
企业	男团	12	A	3	1	1	1			3	15	4	4	3	11	11	26
			B	3	1	1	1			3							
			C	3	1	1	1			3							
			D	4	2	2	2			6							
	女团	10	A	5	2	2	2	2	2	10	20	2	2		4	7	27
			B	5	2	2	2	2	2	10		2	1		3		
总计		67		68	29	29	29	6	6	99	99	23	21	9	53	53	152

二组 5 个队。企业组男子团体 12 支代表队,第一阶段分 4 个小组,第一组至第三组 3 个队,第四组 4 个队;女子团体 10 支代表队,第一阶段分 2 个小组,各小组的队数为 5 个队。

第二阶段单淘汰赛加附加赛。第一阶段分 4 个小组,每个小组的前 2 名进入第二阶段;第一阶段分 2 个小组的,每个小组的前 2 名进入前 4 名,第 3、4 名进入第二阶段决 5、6 名。

义乌市运会乒乓球比赛,机关组、镇街组、企业组团体编排细化方案见图 5 - 1。

(二)团体赛日程安排

23 日 8:00,机关男子第一阶段团体 A、B、C 组第 1 轮,企业女子第一阶段团体 A、B 组第 1 轮,机关女子第一阶段团体 B 组第 1 轮。

23 日 8:45,企业男子第一阶段团体 A、B、C、D 组第 1 轮,机关男子第一阶段团体 D 组第 1 轮,机关女子第一阶段团体 A 组第 1 轮,镇街女子第一阶段团体 A、B 组第 1 轮。

23 日 9:30,机关男子第一阶段团体 A、B、C 组第 2 轮,企业女子第一阶段团体 A、B 组第 2 轮,机关女子第一阶段团体 B 组第 2 轮。

23 日 10:15,镇街男子第一阶段团体 A、B、C、D 组第 1 轮,机关男子第一阶段团体 D 组第 2 轮,机关女子第一阶段团体 A 组第 2 轮,镇街女子第一阶段团体 A、B 组第 2 轮。

23 日 10:15,企业男子第一阶段团体 A、B、C、D 组第 2 轮,企业女子第一阶段团体 A、B 组第 3 轮,机关女子第一阶段团体 B 组第 3 轮。

23 日 13:00,镇街男子第一阶段团体 A、B、C、D 组第 2 轮,镇街女子第一阶段团体 A、B 组第 3 轮;企业女子第一阶段团体 B 组第 4 轮,机关女子第一阶段团体 B 组第 4 轮。

23 日 13:45,机关男子第一阶段团体 A、B、C 组第 3 轮,企业女子第一阶段团体 A 组第 4 轮,机关女子第一阶段团体 A 组第 3 轮。

23 日 14:30,企业男子第一阶段团体 A、B、C、D 组第 2 轮,机关男子第一阶段团体 D 组第 3 轮,企业女子第一阶段团体 B 组第 5 轮,机关女子第一阶段团体 B 组第 5 轮。

日期	时间	1台	2台	3台	4台	5台	6台	7台	8台	9台	10台	11台	12台
23日	8:00	机MTA1	机MTA1	机MTB1	机MTB1	机MTC1	机MTC1	机MTD1	机MTD1	企FTA1	企FTB1	机FTB1	机FTB1
	8:45	企MTA1	企MTB1	企MTC1	企MTD1				企FTA2	企FTB2	镇FTA1	镇FTB1	镇FTB1
	9:30	机MTA2	机MTA2	机MTB2	机MTB2	机MTC2	机MTC2	机MTD2	企FTA3	企FTB3	机FTA1	机FTB2	机FTB2
	10:15	镇MTA1	镇MTB1	镇MTC1	镇MTD1	镇MTD2				企FTB3	企FTB3	镇FTB2	镇FTB2
	11:00	企MTA2	企MTB2	企MTC2	企MTD2	企MTD3		机MTD3	企FTA5			机FTB3	机FTB3
	13:00	镇MTA2	镇MTB2	镇MTC2	镇MTD2		镇FTA3		镇FTB3	企FTB4	企FTB4	机FTB4	机FTB4
	13:45	机MTA3	机MTA3	机MTB3	机MTB3	机MTC3	机MTC3	机MTD3	企FTA4		镇FTA2	机FTA3	机FTA3
	14:30	企MTA3	企MTB3	企MTC3	企MTD3					企FTB5	企FTB5	机FTB5	机FTB5
	15:15	镇MTA3	镇MTB3	镇MTC3	镇MTD3	镇MTD3			企FTA5				
24日	8:00	镇MT(1~8)				机MT1(1~8)				企MT1(1~8)			
	9:30	镇FT1(1~4)		镇FT1(5~8)		机FT1(1~4)		机FT1(5~8)		企FT1(1~4)		企FT1(5~8)	
	11:00	镇MT2(1~8)				机MT2(1~8)				企MT2(1~8)			
	13:00	镇FT决1.2	镇FT决3.4	镇FT决5.6		机FT决1.2	机FT决3.4	机FT决5.6		企FT决1.2	企FT决3.4	企FT决5.6	
	14:30	镇MT决1.2	镇MT决3.4	镇MT决5.6		机MT决1.2	机MT决3.4	机MT决5.6		企MT决1.2	企MT决3.4	企MT决5.6	

图 5 - 1 义乌市运会乒乓球比赛团体编排细化方案

23 日 15:15,镇街男子第一阶段团体 A、B、C、D 组第 3 轮,企业女子第一阶段团体 A 组第 5 轮。

24 日 8:00,镇街、机关、企业男子第二阶段团体第 1 轮。

24 日 9:30,镇街、机关、企业女子第二阶段团体第 1 轮。

24 日 11:00,镇街、机关、企业男子第二阶段团体第 2 轮。

24 日 13:00,镇街、机关、企业女子第二阶段团体决 1～6 名。

24 日 14:30,镇街、机关、企业男子第二阶段团体决 1～6 名。

二、单项比赛编排

(一) 单项比赛场次编排

镇街、机关、企业单打比赛采用单淘汰赛加附加赛,单项场次统计表见表 5-5,决出各小组的前 6 名。镇街男子单打 50 名、女子单打 35 名,机关男子单打 64 名、女子单打 36 名,企业男子单打 53 名、女子单打 38 名,单打比赛场次共计 294 场。

表 5-5 义乌市运会乒乓球比赛单打场次统计表

组别	项目	人数	轮 次						合计场数
			1	2	3	4	5	6	
镇街	男单	50	18	16	8	4	4	3	53
	女单	35	3	16	8	4	4	3	38
机关	男单	64	32	16	8	4	4	3	67
	女单	36	4	16	8	4	4	3	39
企业	男单	53	21	16	8	4	4	3	56
	女单	38	6	16	8	4	4	3	41
总计		276	84	96	48	24	24	18	294

(二) 单项比赛日程安排

义乌市运会乒乓球比赛单打编排细化方案见图 5-2。

8:00,机关女子第 1 轮 1～4 场、机关男子第 1 轮 1～8 场。

时间	1台	2台	3台	4台	5台	6台	7台	8台	9台	10台	11台	12台
8：00	机 FS101	机 FS102	机 FS103	机 FS104	机 MS101	机 MS102	机 MS103	机 MS104	机 MS105	机 MS106	机 MS107	机 MS108
8：15	机 MS109	机 MS110	机 MS111	机 MS112	机 MS113	机 MS114	机 MS115	机 MS116	机 MS117	机 MS118	机 MS119	机 MS120
8：30	机 MS121	机 MS122	机 MS123	机 MS124	机 MS125	机 MS126	机 MS127	机 MS128	机 MS129	机 MS130	机 MS131	机 MS132
8：45	机 FS201	机 FS202	机 FS203	机 FS204	机 FS205	机 FS206	机 FS207	机 FS208	机 FS209	机 FS210	机 FS211	机 FS212
9：00	机 FS213	机 FS214	机 FS215	机 FS216	机 MS201	机 MS202	机 MS203	机 MS204	机 MS205	机 MS206	机 MS207	机 MS208
9：15	机 MS209	机 MS210	机 MS211	机 MS212	机 MS213	机 MS214	机 MS215	机 MS216	镇 FS101	镇 FS102	镇 FS103	镇 MS101
9：30	镇 MS102	镇 MS103	镇 MS104	镇 MS105	镇 MS106	镇 MS107	镇 MS108	镇 MS109	镇 MS110	镇 MS111	镇 MS112	镇 MS113
9：45	镇 MS114	镇 MS115	镇 MS116	镇 MS117	镇 MS118	镇 FS201	镇 FS202	镇 FS203	镇 FS204	镇 FS205	镇 FS206	镇 FS207
10：00	镇 FS208	镇 FS209	镇 FS210	镇 FS211	镇 FS212	镇 FS213	镇 FS214	镇 FS215	镇 FS216	镇 MS201	镇 MS202	镇 MS203
10：15	镇 MS204	镇 MS205	镇 MS206	镇 MS207	镇 MS208	镇 MS209	镇 MS210	镇 MS211	镇 MS212	镇 MS213	镇 MS214	镇 MS215
10：30	镇 MS216	企 FS101	企 FS102	企 FS103	企 FS104	企 FS105	企 FS106	企 MS101	企 MS102	企 MS103	企 MS104	企 MS105
10：45	企 MS106	企 MS107	企 MS108	企 MS109	企 MS110	企 MS111	企 MS112	企 MS113	企 MS114	企 MS115	企 MS116	企 MS117
11：00	企 MS118	企 MS119	企 MS120	企 MS121	企 FS201	企 FS202	企 FS203	企 FS204	企 FS205	企 FS206	企 FS207	企 FS208
11：15	企 FS209	企 FS210	企 FS211	企 FS212	企 FS213	企 FS214	企 FS215	企 FS216	企 MS201	企 MS202	企 MS203	企 MS204
11：30	企 MS205	企 MS206	企 MS207	企 MS208	企 MS209	企 MS210	企 MS211	企 MS212	企 MS213	企 MS214	企 MS215	企 MS216
13：00	机 FS301	机 FS302	机 FS303	机 FS304	机 FS305	机 FS306	机 FS307	机 FS308	镇 FS301	镇 FS302	镇 FS303	镇 FS304
13：15	镇 FS305	镇 FS306	镇 FS307	镇 FS308	企 FS301	企 FS302	企 FS303	企 FS304	企 FS305	企 FS306	企 FS307	企 FS308
13：30	机 MS301	机 MS302	机 MS303	机 MS304	机 MS305	机 MS306	机 MS307	机 MS308	镇 MS301	镇 MS302	镇 MS303	镇 MS304
13：45	机 MS305	机 MS306	机 MS307	机 MS308	企 MS301	企 MS302	企 MS303	企 MS304	企 MS305	企 MS306	企 MS307	企 MS308
14：00	机 FS401	机 FS402	机 FS403	机 FS404	镇 FS401	镇 FS402	镇 FS403	镇 FS404	企 FS401	企 FS402	企 FS403	企 FS404
14：15	机 MS401	机 MS402	机 MS403	机 MS404	镇 MS401	镇 MS402	镇 MS403	镇 MS404	企 MS401	企 MS402	企 MS403	企 MS404
14：30	机 FS501	机 FS502	机 FS503	机 FS504	镇 FS501	镇 FS502	镇 FS503	镇 FS504	企 FS501	企 FS502	企 FS503	企 FS504
14：45	机 MS501	机 MS502	机 MS503	机 MS504	镇 MS501	镇 MS502	镇 MS503	镇 MS504	企 MS501	企 MS502	企 MS503	企 MS504
15：00	机 FS1，2	机 FS3，4	机 FS5，6		镇 FS1，2	镇 FS3，4	镇 FS5，6		企 FS1，2	企 FS3，4	企 FS5，6	
15：15	机 MS1，2	机 MS3，4	机 MS5，6		镇 MS1，2	镇 MS3，4	镇 MS5，6		企 MS1，2	企 MS3，4	企 MS5，6	

图5-2 义乌市运会乒乓球比赛单打编排细化方案

8:15,机关男子第 1 轮 9～20 场。

8:30,机关男子第 1 轮 21～32 场。

8:45,机关女子第 2 轮 1～12 场。

9:00,机关女子第 2 轮 13～16 场、机关男子第 2 轮 1～8 场。

9:15,机关男子第 2 轮 9～16 场、镇街女子第 1 轮 1～3 场、镇街男子第 1 轮 1 场。

9:30,镇街男子第 1 轮 2～13 场。

9:45,镇街男子第 1 轮 14～18 场、镇街女子第 2 轮 1～7 场。

10:00,镇街女子第 2 轮 8～16 场、镇街男子第 2 轮 1～3 场。

10:15,镇街男子第 2 轮 4～15 场。

10:30,镇街男子第 2 轮 16 场、企业女子第 1 轮 1～6 场、企业男子第 1 轮 1～5 场。

10:45,企业男子第 1 轮 6～17 场。

11:00,企业男子第 1 轮 18～21 场、企业女子第 2 轮 1～8 场。

11:15,企业女子第 2 轮 9～16 场、企业男子第 2 轮 1～4 场。

11:30,企业男子第 2 轮 5～16 场。

13:00,机关女子第 3 轮 1～8 场、镇街女子第 3 轮 1～4 场。

13:15,镇街女子第 3 轮 5～8 场;企业女子第 3 轮 1～8 场。

13:30,机关男子第 3 轮 1～8 场、镇街男子第 3 轮 1～4 场。

13:45,镇街男子第 3 轮 5～8 场;企业男子第 3 轮 1～8 场。

14:00,机关女子第 4 轮 1～4 场、镇街女子第 4 轮 1～4 场、企业女子第 4 轮 1～4 场。

14:15,机关男子第 4 轮 1～4 场、镇街男子第 4 轮 1～4 场、企业男子第 4 轮 1～4 场。

14:30,机关女子第 5 轮 1～4 场、镇街女子第 5 轮 1～4 场、企业女子第 5 轮 1～4 场。

14:45,机关男子第 5 轮 1～4 场、镇街男子第 5 轮 1～4 场、企业男子第 5 轮 1～4 场。

15:00,机关女子决 1～6 名、镇街女子决 1～6 名、企业女子决 1～6 名。

15:15,机关男子决 1～6 名、镇街男子决 1～6 名、企业男子决 1～6 名。

第三节　全国大学生乒乓球锦标赛编排方案

团体比赛根据参赛运动队的情况进行分组,分组情况见表 5-6。

第一阶段小组循环赛。甲级组男子团体 14 支代表队,第一阶段分 4 个小组,第一组和第二组 3 个队,第三组和第四组 4 个队;女子团体 12 支代表队,第一阶段分 4 个小组,每组的队数为 3 个队。乙级组男子团体 23 支代表队,第一阶段分 6 个小组,第一组 3 个队,第二组至第六组 4 个队;女子团体 18 支代表队,第一阶段分 5 个小组,第一组和第二组 3 个队,第三组至第五组各 4 个队。

第二阶段单淘汰赛加附加赛。第一阶段各小组的前 2 名,进入第二阶段单淘汰赛。

甲级、乙级单项比赛采用单淘汰赛,场次统计表见表 5-7。甲级男单 46 人、女单 29 人、男双 21 对、女双 12 对、混双 14 对;乙级男单 68 人、女单 60 人、男双 32 对、女双 27 对、混双 23 对。如甲级男子单打 46 人参加比赛,第 1 轮 14 场、第 2 轮 16 场、第 3 轮 8 场、第 4 轮 4 场、第 5 轮 2 场、第 6 轮 1 场,共 45 场比赛。甲级和乙级单项比赛场次共计 322 场。

比赛球台 18 张,1~6 台在主馆,7~18 台在副馆,19 日至 20 日在主馆与副馆都有比赛,21 日团体比赛只在主馆进行。

19 日至 21 日的团体编排细化方案见图 5-3。如 19 日 8:30,乙组男子团体 A 组第 1 轮 1 场比赛 1 台、B 组第 1 轮 2 场比赛 2~3 台、C 组第 1 轮 2 场比赛 4~5 台、D 组第 1 轮 2 场比赛 6、9 台,E 组第 1 轮 2 场比赛 10~11 台、F 组第 1 轮 2 场比赛 12~13 台,乙组女子团体 A 组第 1 轮 1 场比赛 14 台、B 组第 1 轮 1 场比赛 15 台、C 组第 1 轮 2 场比赛 16~17 台。

22 日的单项编排细化方案见图 5-4,上午只有主馆比赛,下午主副馆都有比赛。23 日的单项编排细化方案见图 5-5,上午主副馆都有比赛,下午只在主馆有比赛。

表 5-6　团体比赛分组场次统计表

组别	项目	队数	分组	小组队数	阶段（循环赛）轮次 1	2	3	小组场数	合计场数	阶段（淘汰赛加附加赛）轮次 6	7	8	9	场数	合计场数	总计场数
甲级	男团	14	A	3	1	1	1	3	18	4	2	1		7	7	25
			B	3	1	1	1	3								
			C	4	2	2	2	6								
			D	4	2	2	2	6								
	女团	12	A	3	1	1	1	3	12	4	2	1		7	7	19
			B	3	1	1	1	3								
			C	3	1	1	1	3								
			D	3	1	1	1	3								
乙级	男团	23	A	3	1	1	1	3	33	4	4	2	1	11	11	44
			B	4	2	2	2	6								
			C	4	2	2	2	6								
			D	4	2	2	2	6								
			E	4	2	2	2	6								
			F	4	2	2	2	6								
	女团	18	A	3	1	1	1	3	24	2	4	2	1	9	9	33
			B	3	1	1	1	3								
			C	4	2	2	2	6								
			D	4	2	2	2	6								
			E	4	2	2	2	6								
总计		67		67	29	29	29	87	87	14	12	6	2	34	34	121

表5-7 单项场次统计表

组别	项目	人数	轮次							合计场数
			1	2	3	4	5	6	7	
甲级	男单	46	14	16	8	4	2	1		45
	女单	29	13	8	4	2	1			28
	男双	21	5	8	4	2	1			20
	女双	12	4	4	2	1				11
	混双	14	6	4	2	1				13
乙级	男单	68	4	32	16	8	4	2	1	67
	女单	60	28	16	8	4	2	1		59
	男双	32	16	8	4	2	1			31
	女双	27	11	8	4	2	1			26
	混双	23	7	8	4	2	1			22
总计		332	108	112	56	28	13	4	1	322

图 5-3 团体编排细化方案

日期	时间	主1台	主2台	主3台	主4台	主5台	主6台	7台	8台	9台	10台	11台	12台	13台	14台	15台	16台	17台	18台
19日	8:30	ZMTA1	ZMTB1	ZMTB1	ZMTB1	ZMTC1	ZMTC1			ZMTD1	ZMTE1	ZMTE1	ZMTF1	ZMTF1	ZFTA1	ZFTB1	ZFTC1	ZFTC1	
	10:00	甲MTA1	甲MTB1	甲MTC1	甲MTC1	甲MTD1	甲MTD1					甲FTA1	甲FTB1	甲FTC1	甲FTD1	ZFTD1	ZFTD1	ZFTE1	ZFTE1
	15:00	ZMTD2	ZMTD2	ZMTE2	ZMTE2	ZMTF2	ZMTF2				ZFTB2	ZFTC2	ZFTC2	ZMTA2	ZMTB2	ZMTB2	ZMTC2	ZMTC2	
	16:30	甲FTA2	甲FTB2	甲FTC2	甲FTD2					ZFTE2	ZFTE2	ZFTA3	ZFTB3	甲MTA2	甲MTB2	甲MTC2	甲MTD2	甲MTD2	
20日	8:30	ZFTC3	ZFTC3	ZFTD3	ZFTD3	ZFTE3	ZFTE3		ZMTA3	ZMTB3	ZMTB3	ZMTC3	ZMTC3	ZMTD3	ZMTD3	ZMTE3	ZMTE3	ZMTF3	ZMTF3
	10:00	甲MTA3	甲MTB3	甲MTB3	甲MTC3	甲MTC3	甲MTD3			甲FTA3	甲FTB3	甲FTC3	甲FTD3						
	14:00	ZMT2-21	ZMT2-22	ZMT2-23	ZMT2-24	ZFT2-21	ZFT2-22					ZFT2-23	ZMT2-12	ZMT2-11	ZFT2-24	ZMT2-13	ZMT2-14	ZFT2-11	ZFT2-12
	15:30	甲MT2-11	甲MT2-12	甲MT2-13	甲MT2-14	甲FT2-11	甲FT2-12					甲FT2-13			甲FT2-14				

日期	时间	主1台	主2台	主3台	主4台	主5台	主6台
21日	8:30	ZMT2-31	ZMT2-31	ZMT2-32	ZMT2-32	ZFT2-31	ZFT2-32
	10:00	甲MT2-21	甲MT2-21	甲MT2-22	甲MT2-22	甲FT2-21	甲FT2-22
	15:00	ZMT 决1,2	ZMT 决1,2	甲MT 决1,2	甲MT 决1,2	ZFT 决1,2	ZFT 决1,2

日期	时间	主1台	主2台	主3台	主4台	主5台	主6台	7台	8台	9台	10台	11台	12台	13台	14台	15台	16台	17台	18台
22日	8:30	ZFXS101	ZFXS102	ZFXS103	ZFXS104	ZFXS105	ZFXS106												
	8:50	ZFXS107	甲MXS101	甲MXS102	甲MXS103	甲MXS104	甲MXS105												
	9:10	甲MXS106	ZFXS201	ZFXS202	ZFXS203	ZFXS204	ZFXS205												
	9:30		ZFXS206	ZFXS207	ZFXS208														
	9:50		甲MXS201	甲MXS202	甲MXS203	甲MXS204													
	10:10		ZFXS301	ZFXS302	ZFXS303	ZFXS304													
	10:30		甲MXS301		甲MXS302														
	10:50			ZFXS401		ZFXS402													
	11:10																		
	11:30		甲MXFS1,2		ZFXFS1,2														
	14:00	甲MDS101	甲MDS102	甲MDS103	甲MDS104	甲MDS105				ZFDS101	ZFDS102	ZFDS103	ZFDS104	ZFDS105	ZFDS106	ZFDS107	ZFDS108	ZFDS109	ZFDS110
	14:20		甲FDS101	甲FDS102	甲FDS103	甲FDS104				ZFDS111	ZMDS101	ZMDS102	ZMDS103	ZMDS104	ZMDS105	ZMDS106	ZMDS107	ZMDS108	ZMDS109
	14:40		甲MDS201	甲MDS202	甲MDS203	甲MDS204				ZMDS110	ZMDS111	ZMDS112	ZMDS113	ZMDS114	ZMDS115	ZMDS116	ZFDS201	ZFDS202	ZFDS203
	15:00		甲MDS205	甲MDS206	甲MDS207	甲MDS208				ZFDS204	ZFDS205	ZFDS206	ZFDS207	ZFDS208					
	15:20		甲FDS201	甲FDS202	甲FDS203	甲FDS204				ZMDS201	ZMDS202	ZMDS203	ZMDS204	ZMDS205	ZMDS206	ZMDS207	ZMDS208		
	15:40		甲MDS301	甲MDS302	甲MDS303	甲MDS304					ZFDS301	ZMDS301	ZFDS302	ZMDS302	ZFDS303	ZMDS303	ZFDS304	ZMDS304	
	16:00		甲FDS301		甲FDS302								ZFDS401		ZFDS402		ZFDS303		
	16:20			甲MDS401		甲MDS402								ZMDS401		ZMDS402	ZMDS303	ZMDS304	
	16:40																		
	17:00		甲FDFS1,2		甲MDFS1,2								ZFDFS1,2						
	17:20														ZMDFS1,2				

图 5-4 单项编排细化方案

日期：23日

时间	主1台	主2台	主3台	主4台	主5台	主6台	7台	8台	9台	10台	11台	12台	13台	14台	15台	16台	17台	18台
8:30	甲FS101	甲FS102	甲FS103	甲FS104	甲FS105	甲FS106	乙MS101	乙MS102	乙MS103	乙MS104	乙FS101	乙FS102	乙FS103	乙FS104	乙FS105	乙FS106	乙FS107	乙FS108
8:50	甲FS107	甲FS108	甲FS109	甲FS110	甲FS111	甲FS112	乙FS109	乙FS110	乙FS111	乙FS112	乙FS113	乙FS114	乙FS115	乙FS116	乙FS117	乙FS118	乙FS119	乙FS120
9:10	甲FS113	甲MS101	甲MS102	甲MS103	甲MS104	甲MS105	乙FS121	乙FS122	乙FS123	乙FS124	乙FS125	乙FS126	乙FS127	乙FS128	乙MS201	乙MS202	乙MS203	乙MS204
9:30	甲MS106	甲MS107	甲MS108	甲MS109	甲MS110	甲MS111	乙MS205	乙MS206	乙MS207	乙MS208	乙MS209	乙MS210	乙MS211	乙MS212	乙MS213	乙MS214	乙MS215	乙MS216
9:50	甲MS112	甲MS113	甲MS114	甲FS201	甲FS202	甲FS203	乙MS217	乙MS218	乙MS219	乙MS220	乙MS221	乙MS222	乙MS223	乙MS224	乙MS225	乙MS226	乙MS227	乙MS228
10:10	甲FS204	甲FS205	甲FS206	甲FS207	甲FS208	甲MS201	乙MS229	乙MS230	乙MS231	乙MS232	乙FS201	乙FS202	乙FS203	乙FS204	乙FS205	乙FS206	乙FS207	乙FS208
10:30	甲MS202	甲MS203	甲MS204	甲MS205	甲MS206	甲MS207	乙FS209	乙FS210	乙FS211	乙FS212	乙FS213	乙FS214	乙FS215	乙FS216	乙MS301	乙MS302	乙MS303	乙MS304
10:50	甲MS208	甲MS209	甲MS210	甲MS211	甲MS212	甲MS213	乙MS305	乙MS306	乙MS307	乙MS308	乙MS309	乙MS310	乙MS311	乙MS312	乙MS313	乙MS314	乙MS315	乙MS316
11:10	甲MS214	甲MS215	甲MS216				乙FS301	乙FS302	乙FS303	乙FS304	乙FS305	乙FS306	乙FS307	乙FS308				

日期：23日

时间	主1台	主2台	主3台	主4台	主5台	主6台
14:00	乙MS401	乙MS402	乙MS403	乙MS404	乙MS405	乙MS406
14:20	乙MS407	乙MS408	甲MS301	甲MS302	甲MS303	甲MS304
14:40	甲MS305	甲MS306	甲MS307	甲MS308	乙FS401	乙FS402
15:00	乙FS403	乙FS404	甲FS301	甲FS302	甲FS303	甲FS304
15:20	乙MS501	乙MS502	乙MS503	乙MS504		
15:40			甲MS401	甲MS402	甲MS403	甲MS404
16:00	甲FS401	甲FS402	乙FS501	乙FS502		
16:20			乙MS601	乙MS602	乙MS501	乙MS502
16:40		乙FFS1,2	乙MFS1,2	甲FFS1,2		
17:00	甲MFS1,2				甲MFS1,2	

图 5 – 5　单项编排细化方案

第四节　浙江省乒协乒乓球比赛抽签方案

一、团体抽签

浙江省乒乓球协会副秘书长以上成员联谊赛,30～50 岁组,有 17 个队参加团体赛,第一阶段分三组,小组前 5 名进入第二阶段比赛。具体参赛队见图 5-6。

序号	30～50 岁组	地区	上届名次
1	温州乒协一队	温州	1
2	杭州乒协	杭州	2
3	诸暨乒协	绍兴	3
4	瑞安乒协一队	温州	4
5	临海乒协	台州	6
6	省乒协	杭州	7
7	缙云乒协	丽水	
8	富阳乒协	杭州	
9	景宁乒协	丽水	
10	乐清乒协	温州	
11	苍南乒协	温州	
12	北仑乒协	宁波	
13	象山乒协	宁波	
14	瓯海乒协	温州	
15	青田乒协	丽水	
16	瑞安乒协二队	温州	
17	温州乒协二队	温州	

图 5-6　参赛队名与种子情况

(一) 抽签原则

种子队合理分开,同协会运动队合理分开,同地区运动队合理分开,较后轮次相遇。

(二) 抽签方法

1. 先抽种子后抽非种子，先分区后定位

(1) 种子选手抽签：考虑种子序号、固定的位置号、同单位选手合理分开。

(2) 非种子选手：考虑同单位选手合理分开最后相遇的原则。

2. 抽签全过程中"先难后易"

先抽相对要求高的运动员(队)，后抽相对要求低的运动员(队)。

各地区参赛运动队情况统计见图 5-7，其中温州地区 7 个队，杭州地区 3 个队，丽水地区 3 个队，宁波地区 2 个队，绍兴和台州地区各 1 个队。

温州	7 队
杭州	3 队
丽水	3 队
宁波	2 队
绍兴	1 队
台州	1 队

图 5-7　各地区参赛运动队情况统计

第一步：先抽第 1、第 2、第 3 号种子，按规则要求，温州乒协一队进入 A 组 1 号位置，杭州乒协进入 B 组 1 号位置，诸暨乒协进入 C 组 1 号位置。(见图 5-8)

	A 组	B 组	C 组
1	温州乒协一队	杭州乒协	诸暨乒协
2			
3			
4			
5			
6			

图 5-8　前三号种子进位情况

第二步：抽副种子队第 4、5、6 号种子，按规则要求，瑞安乒协一队、临海乒协、省乒协，抽到 A、B、C 组 2 号位置，因为要求同地区运动队合理分开较后轮次相遇，所以瑞安乒协一队只能抽进 B、C 组 2 号位置。瑞安乒协一队先抽,结果抽入C组2号位置;再由省乒协和临海乒协抽,结果省乒协抽入A组2号位置,临海乒协抽入B组2号位置(见图5-9)。

	A组	B组	C组
1	温州乒协一队	杭州乒协	诸暨乒协
2	省乒协	临海乒协	瑞安乒协一队
3			
4			
5			
6			

图5-9 4～6号种子抽签进位后情况

第三步:抽非种子队,温州5个队,杭州1个队,丽水3个队,宁波2个队。先考虑温州的5个队,因为他们共有7个队参加,所以在每个组里必定有2个队,还有一组有3个队。这7队当中,有4个队,温州乒协一队、二队属于同一协会,瑞安乒协一队、二队属于同一协会,同协会先要分在不同的组里。瑞安乒协二队先抽A或B组,温州乒协二队先抽B或C组。杭州有3个队参加,所以富阳乒协在C组。丽水有3个队参赛,所以A、B、C各1个队(见图5-10)。

	A组	B组	C组
1	温州乒协一队	杭州乒协	诸暨乒协
2	省乒协	临海乒协	瑞安乒协一队
3	缙云乒协	景宁乒协	青田乒协
4		温州乒协二队	
5	瑞安乒协二队		富阳乒协
6			

图5-10 非种子抽签进区情况

第四步：抽进区。温州乒协二队抽入 B 组，瑞安乒协二队抽入 B 队，目前 A 组温州 1 个队，B 组温州 2 个队，C 组温州 1 个队。根据参赛队数的要求，A 组必进 1 队，可能再进 1 队，B 组可能再进 1 队，C 组必进 1 队，可能再进 1 队。苍南乒协、乐清乒协、瓯海乒协三个俱乐部，用"A、C、空"这三个签抽，结果苍南乒协抽进入 A 组，瓯海乒协抽进 C 组，乐清乒协抽"空"为机动。宁波北仑乒协、象山乒协和乐清乒协，用 A、B、C 组三个签抽，结果北仑乒协抽进 A 组，乐清乒协抽进 B 组，象山乒协抽进 C 组（见图 5-11）。

	A 组	B 组	C 组
1	温州乒协一队	杭州乒协	诸暨乒协
2	省乒协	临海乒协	瑞安乒协一队
3	缙云乒协	青田乒协	景宁乒协
4	苍南乒协	温州乒协二队	瓯海乒协
5	北仑乒协	瑞安乒协二队	富阳乒协
6		乐清乒协	象山乒协

图 5-11 各运动队抽进区情况

第五步：再抽进位（见图 5-12）。

	A 组	B 组	C 组
1	温州乒协一队	杭州乒协	诸暨乒协
2	省乒协	临海乒协	瑞安乒协一队
3	北仑乒协	瑞安乒协二队	象山乒协
4	苍南乒协	乐清乒协	富阳乒协
5	缙云乒协	温州乒协二队	景宁乒协
6		青田乒协	瓯海乒协

图 5-12 各运动队抽进位情况

浙江省乒乓球协会副秘书长以上成员联谊赛,第一阶段比赛结果见表5-8。

表5-8　第一阶段比赛名次表

小组名次	A组	B组	C组
第一名	温州乒协一队	杭州乒协	瑞安乒协一队
第二名	省乒协	温州乒协二队	诸暨乒协
第三名	苍南乒协	临海乒协	景宁乒协
第四名	北仑乒协	乐清乒协	象山乒协
第五名	缙云乒协	瑞安乒协二队	富阳乒协

(三) 第二阶段抽签

按跟种子分级分批的顺序进行。

第一步:第一批(1、2号种子序号)1号、16号位置。A组第一名温州乒协一队进入1号位置,B组第一名杭州乒协进入16号位置。第二批(3、4号种子序号)9号、8号位置,因温州乒协一队在1/2区上半区,所以C组第一名在2/2区下半区,瑞安乒协一队进9号位置。

第二步:第二批(4、5、6种子序号)8号、5号、12号位置。各组的第二名将被抽到和同组第一名不同半区的剩余位置。省乒协在2/2区,诸暨乒协和温州乒协二队在1/2区,省乒协进入12号位置,温州乒协二队和诸暨乒协抽5号和8号位置,结果诸暨乒协抽入5号位置,温州乒协二队抽入8号位置(见图5-13)。

1	2	3	4
温州乒协一队	轮空		
8	7	6	5
温州乒协二队			诸暨乒协
9	10	11	12
瑞安乒协一队			省乒协
16	15	14	13
杭州乒协			

图5-13　小组前两名运动员抽签进位情况

第三步：第三批(7、8、9 种子序号)13 号、4 号、3 号位置。A 组第三名苍南乒协、B 组第三名临海乒协、C 组第三名景宁乒协抽入 3 号、4 号、13 号位置，由于这三位没有同协会，也没有同地区，可以随机抽，结果苍南乒协抽入 3 号位置，临海乒协抽入 4 号位置，景宁乒协抽入 13 号位置。

第四步：第四批(10、11、12 种子序号)14 号、11 号、6 号位置。A 组第四名北仑乒协、B 组第四名乐清乒协、C 组第四名象山乒协抽入 6 号、11 号、14 号位置时加以控制，避免与 5 号、12 号、13 号位置的运动队同组第一轮相遇，结果北仑乒协抽入 6 号位置，象山乒协抽入 11 号位置，乐清乒协抽入 14 号位置。

第五步：第五批(13、14、15 种子序号)7 号、10 号、15 号位置。A 组第五名缙云乒协、B 组第五名瑞安乒协二队、C 组第四名富阳乒协抽入 7 号、10 号、15 号位置加以控制，避免与 8 号、9 号、16 号位置运动队同组第一轮相遇，所以瑞安乒协二队只能过 10 号位置，如果到 7 号和 15 号位置则第一轮都会遇到同组运动员。富阳乒协和缙云乒协抽 7 号和 15 号位置，结果富阳乒协抽入 7 号位置，缙云乒协抽入 15 号位置。

这里有一个问题，第一轮瑞安乒协一队就和瑞安乒协二队进行比赛。抽完后，笔者思考如何解决这个问题，最理想的办法就是把各小组的第四名和第五名放到同一批来考虑抽签，因为第四名和第五名相对都是比较后面的名次，比赛水平都是在一个层次上，不要分第四批抽后第五批抽(见图 5－14)，这样就合理解决了第一轮同协会问题了。

1	2	3	4
温州乒协一队 A1	轮空	苍南乒协 A3	临海乒协 B3
8	7	6	5
温州乒协二队 B2	富阳乒协 C5	北仑乒协 A4	诸暨乒协 C2
9	10	11	12
瑞安乒协一队 C1	瑞安乒协二队 B5	象山乒协 C4	省乒协 A2
16	15	14	13
杭州乒协 B1	缙云乒协 A5	乐清乒协 B4	景宁乒协 C3

图 5－14　各小组第四名与第五名同步考虑图

先抽 C 组,因为剩下的 6 个位置中,有 3 个位置不能进,抽进去就会导致同协会的运动员相遇。所以富阳乒协只能到 7 号位置,象山乒协在 11 号位置和 15 号位置抽,结果抽到 11 号位置。再抽 B 组,因为剩下的 4 个位置中,有 1 个位置不能进去,瑞安乒协二队和乐清乒协只能进 6 号、10 号、14 号位置,结果瑞安乒协二队抽进 6 号位置,乐清乒协抽进 14 号位置。缙云乒协、北仑乒协抽 10 号和 15 号位置,结果缙云乒协抽进 10 号位置,北仑乒协抽进 15 号位置(见图 5 - 15)。

1	2	3	4
温州乒协一队 A1	轮空	苍南乒协 A3	临海乒协 B3
8	7	6	5
温州乒协二队 B2	富阳乒协 C5	瑞安乒协二队 B5	诸暨乒协 C2
9	10	11	12
瑞安乒协一队 C1	缙云乒协 A5	象山乒协 C4	省乒协 A2
16	15	14	13
杭州乒协 B1	北仑乒协 A4	乐清乒协 B4	景宁乒协 C3

图 5 - 15　第二阶段抽签结果

二、第二阶段团体抽签实例

浙江省乒乓球协会副秘书长以上成员联谊赛,51～70 岁组,有 18 个队参加团体赛,第一阶段分四组,小组前 3 名进入第二阶段比赛。

抽签原则:第一阶段,种子队合理分开,同协会运动队合理分开,同地区运动队合理分开。第二阶段,先抽小组第一名,后抽小组第二名,第二名抽入没有同组第一名的不同半区,再抽第三名。同组第 1 轮不相遇,同协会、同地区原则上第 1 轮不相遇。

第二阶段前两名抽签方法见图 5 - 16,A 组第一名进入 1 号位置,B 组第一名进入 16 号位置,C 组第一名或 D 组第一名抽签进入 8 号或 9 号位置;四个组的第二名抽入没有同组第一名的不同半区的 4、5、12、13 号位置。四个小组第三名抽入同组第 1 轮不相遇的 3、6、11、14 号位置,前三名抽签方法见图 5 - 17。

1 A1	2 轮空	3	4 B2/D2 或 C2
8 C1/D1	7 轮空	6	5 D2 或 C2/B2
9 D1/C1	10 轮空	11	12 A2/C2 或 D2
16 B1	15 轮空	14	13 C2 或 D2/A2

图 5 - 16　第二阶段小组前两名抽签

1 A1	2 轮空	3 A3/C3/D3	4 B2
8 C1	7 轮空	6 A3/B3/C3	5 D2
9 D1	10 轮空	11 B3/C3/D3	12 A2
16 B1	15 轮空	14 A3/B3/D3	13 C2

图 5 - 17　第二阶段前三名抽签

如按图 5 - 17 方法抽就会存在同一个 1/4 区内有可能同小组两名运动员在同一个 1/4 区。要解决这个问题,要在领队会议加上抽第二阶段时同小组(前三名)运动队不在同一个 1/4 区。这样就加了一个控制条件,抽签见图 5 - 18。如 3 号位置只能抽 C 组第三名或 D 组第三名。

1 A1	2 轮空	3 C3/D3	4 B2
8 C1	7 轮空	6 A3/B3	5 D2
9 D1	10 轮空	11 B3/C3	12 A2
16 B1	15 轮空	14 A3/D3	13 C2

图 5 - 18　控制后第二阶段前三名抽签

第一阶段小组循环赛前三名比赛结果依次为:

A 组:杭州乒协、宁波乒协、台州乒协;

B组：金华乒协、杭州萧山乒协、绍兴乒协；

C组：绍兴柯桥乒协、湖州乒协、嘉兴乒协；

D组：浙江省乒协、温州乒协、丽水乒协。

第一步：A组第一名杭州乒协进入1号位置，B组第一名金华乒协进入16号位置。

第二步：C组第一名绍兴柯桥乒协、D组第一名浙江省乒协抽入8、9号位置，因杭州乒协在1/2区上半区，所以D组第一名在2/2区下半区，浙江省乒协进9号位置。

第三步：各组的第二名将被抽到和同组第一名不同半区的剩余位置。温州乒协和杭州萧山乒协在1/2区，宁波乒协和湖州乒协二队在2/2区。因杭州乒协在1/4区，杭州萧山乒协只能进2/4区，温州乒协进入4号位置，杭州萧山乒协进入5号位置。宁波乒协和湖州乒协抽12、13号位置，结果宁波乒协抽入12号位置，湖州乒协二队抽入13号位置。

第四步：根据抽签原则，同小组第1轮不相遇。抽签开始时，先观察一下，台州乒协、绍兴乒协、嘉兴乒协、丽水乒协这四个第3名的队是否能进入相应的位置里，如有同地区或同单位就要先控制抽签位置。观察发现都能按图5-17的方法抽签。A3台州乒协先抽3、6、14号位置，结果抽入6号位置；B3绍兴乒协抽3、11、14号位置，结果抽入14号位置；剩下3号和11号位置，C3嘉兴乒协和D3丽水乒协，因D2温州乒协在4号位置，所以D3丽水乒协不能进入3号位置，D3丽水乒协只能进11号位置，C3嘉兴乒协只能进3号位置。最终的抽签结果见图5-19。

1	2	3	4
杭州乒协 A1	轮空	嘉兴乒协 C3	温州乒协 D2
8	7	6	5
绍兴柯桥乒协 C1	轮空	台州乒协 A3	杭州萧山乒协 B2
9	10	11	12
浙江省乒协 D1	轮空	丽水乒协 D3	宁波乒协 A2
16	15	14	13
金华乒协 B1	轮空	绍兴乒协 B3	湖州乒协 C2

图5-19 第二阶段抽签结果

三、第二阶段单打抽签实例

第一阶段抽签时,上届的 1 号种子进入 A1,2 号种子进入 B1,3 号种子进入 C1。第一阶段循环赛的比赛结果见图 5-20。

A1	周 * 强(湖州乒协)	B1	周 * 胜(湖州乒协)	C1	金 *(浙江省电力公司)
A2	郭 *(中国计量学院)	B2	陶　*(浙江省电力公司)	C2	戚 * 峰(浙江工大乒协)
A3	葛 * 东(浙江工大乒协)	B3	邵 * 昂(中国计量学院)	C3	姜 * 学(湖州市乒协)

图 5-20　第一阶段各小组前三名运动员

第一步:A 组第一名周 * 强(湖州乒协)进入 1 号位,B 组第一名周 * 胜(湖州乒协)进入 8 号位。

第二步:C 组第一名金 *(浙江省电力公司)依据跟种子原则进入 5 号位。

第三步:B 组第二名陶 *(浙江省电力公司)和 C 组第二名戚 * 峰(浙江工大乒协)抽到没有同组第一名的其他半区 3 或 4 号位,结果戚 * 峰(浙江工大乒协)抽入 4 号位,陶 *(浙江省电力公司)抽入 3 号位。

第四步:A 组第二名郭 *(中国计量学院)进入没有同组第一名的其他半区 6 号位。

第五步:因 B 组第三名邵 * 昂(中国计量学院)与 B 组第一名周 * 胜(湖州乒协)同小组,B 组第三名就不能在 7 号位,所以 B 组第三名邵 * 昂(中国计量学院)只能进入抢号位置 2A 或 2B。

第六步:因 C 组第 3 名姜 * 学(湖州市乒协)与 B 组第一名周 * 胜(湖州乒协)同协会,C 组第三名就不能在 7 号位,所以 C 组第三名姜 * 学(湖州市乒协)只能进入抢号位置 2A 或 2B,结果邵 * 昂(中国计量学院)抽入 2A 号位,姜 * 学(湖州市乒协)抽入 2B 号位。

第七步:A 组第三名葛 * 东(浙江工大乒协)进入 7 号位(见图 5-21)。

1　周*强（湖州乒协）

2A　邵*昂（中国计量学院）

2B　姜*学（湖州市乒协）

3　陶　*（浙江省电力公司）

4　戚*峰（浙江工大乒协）

5　金　*（浙江省电力公司）

6　郭　*（中国计量学院）

7　葛*东（浙江工大乒协）

8　周*胜（湖州乒协）

图 5 - 21　第二阶段抽签结果

第五节　金华市九运会乒乓球选拔赛抽签

男子乙组（06～07 组），以两个年龄组排名前六的运动员为选拔对象，共选出五名运动员。06 年组和 07 年组排名前六位运动员见图 5 - 22。

06 年组排名		07 年组排名	
1 号	朱*宏（卡卡）	1 号	连*宇（新起点）
2 号	刘*滔（新起点）	2 号	吴*源（宾王）
3 号	许*超（冠军）	3 号	周*颉（新起点）
4 号	龚吴*扬（宾王）	4 号	吴*锴（青小）
5 号	方*涵（宾王）	5 号	陈*飚（宾王）
6 号	陈　*（青小）	6 号	龚*楷（新起点）

图 5 - 22　06 年组和 07 年组前 6 名排名

一、比赛办法

（1）选拔赛：分两阶段进行，第一阶段分 2 小组，采用循环赛决出名次；第二阶段采用淘汰赛加附加赛。

（2）循环赛 2 小组第 1 名的运动员直接出线，不进行第二阶段比赛；循环赛 2 小组第 6 名的运动员，直接淘汰，不能参加第二阶段比赛。

（3）第一阶段比赛结束后，通过第二阶段淘汰赛加附加赛再选出 3 名运动员。

（4）第二阶段淘汰赛加附加赛，共 8 名运动员参赛，第 1 轮胜者 4 名运动员进入第 2 轮，第 1 轮负者 4 名运动员淘汰；第 2 轮胜者 2 名运动员直接出线，不进行决赛，第 2 轮负者 2 名运动员进入第 3 轮附加赛。

（5）第一阶段抽签，A 组、B 组的各前 4 个位置号不考虑同协会的运动员，后 2 个位置号原则上可以考虑同协会运动员合理分开；第二阶段抽签，第一阶段小组的第二名、第三名分别进入四个种子位，小组第四名、第五名抽入后四个位置，同小组第 1 轮不相遇，不考虑同协会运动员合理分开。

二、抽签

1. 第一阶段抽签办法

两组位置号分别用 A 组（A1、A2、A3、A4、A5、A6）和 B 组（B1、B2、B3、B4、B5、B6）。

第一步：06 年组 1 号朱＊宏（卡卡）进入 A1，2 号刘＊滔（新起点）进入 B1。

第二步：07 年组 1 号连＊宇（新起点）进入 B2，2 号吴＊源（宾王）进入 A2。

第三步：06 年组 3、4 号许＊超（冠军）、龚吴＊扬（宾王）抽 A3、B3，结果龚吴＊扬（宾王）抽入 A3，许＊超（冠军）抽入 B3。

第四步：07 年组 3、4 号周＊颉（新起点）、吴＊锴（青小）抽 A4、B4，结果吴＊锴（青小）抽入 A4，周＊颉（新起点）抽入 B4。

第五步：06 年组 5、6 号方＊涵（宾王）、陈＊（青小）和 07 年组 5、6 号龚＊楷（新起点）、陈＊飏（宾王）四位运动员一起抽 A5、A6、B5、B6 号位置。

先考虑同单位运动员,因青小的吴＊锴在 A 组,所以陈＊(青小)进入 B 组;因新起点的周＊颉等在 B 组,所以龚＊楷(新起点)进入 A 组。

剩下的方＊涵(宾王)、陈＊飚(宾王)抽入 A 组或 B 组,结果方＊涵(宾王)抽入 A 组,陈＊飚(宾王)进 B 组。

再抽进位,结果方＊涵(宾王)抽入 A5、龚＊楷(新起点)抽入 A6;陈＊(青小)抽入 B5、陈＊飚(宾王)抽入 B6(见图 5－23)。

A　　组		B　　组	
A1	朱＊宏(卡卡)	B1	刘＊滔(新起点)
A2	吴＊源(宾王)	B2	连＊宇(新起点)
A3	龚吴＊扬(宾王)	B3	许＊超(冠军)
A4	吴＊锴(青小)	B4	周＊颉(新起点)
A5	方＊涵(宾王)	B5	陈　　＊(青小)
A6	龚＊楷(新起点)	B6	陈＊飚(宾王)

图 5－23　第一阶段抽签结果

依据第一阶段比赛名次表(见表 5－9),A 组第一名至第六名依次为吴＊源(宾王)、龚＊楷(新起点)、吴＊锴(青小)、朱＊宏(卡卡)、方＊涵(宾王)、龚吴＊扬(宾王);B 组第一名至第六名依次为连＊宇(新起点)、周＊颉(新起点)、许＊超(冠军)、刘＊滔(新起点)、陈＊飚(宾王)、陈＊(青小)。

表 5－9　第一阶段比赛名次表

A　　组		B　　组	
第一名	吴＊源(宾王)	第一名	连＊宇(新起点)
第二名	龚＊楷(新起点)	第二名	周＊颉(新起点)
第三名	吴＊锴(青小)	第三名	许＊超(冠军)
第四名	朱＊宏(卡卡)	第四名	刘＊滔(新起点)
第五名	方＊涵(宾王)	第五名	陈＊飚(宾王)
第六名	龚吴＊扬(宾王)	第六名	陈　　＊(青小)

2. 第二阶段抽签办法

位置号分别用 1、2、3、4、5、6、7、8 表示。

第一步：A 组第二名龚＊楷(新起点)进入 1 号位置。

第二步：B 组第二名周＊颉(新起点)进入 8 号位置。

第三步：A 组第三名吴＊锴(青小)进入与 A 组第二名不在同一半区的 5 号位置。

第四步：B 组第三名许＊超(冠军)进入与 B 组第二名周＊颉(新起点)不在同一半区的 4 号位置。

第五步：A 组第四名朱＊宏(卡卡)、第五名方＊涵(宾王)抽与 A 组不是同一轮相遇的 3 号位置和 7 号位置,结果方＊涵(宾王)抽入 3 号位置,朱＊宏(卡卡)抽入 7 号位置。

第六步：B 组第四名刘＊滔(新起点)、第五名陈＊飚(宾王)抽与 A 组不是同一轮相遇的 2 号位置和 6 号位置,结果刘＊滔(新起点)抽入 2 号位置,陈＊飚(宾王)抽入 6 号位置(见图 5－24)。

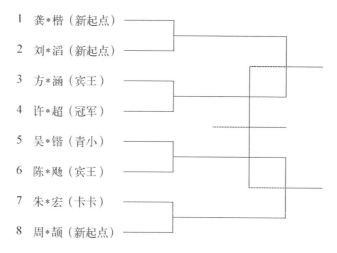

图 5－24　第二阶段抽签结果

第六节　义乌市系统男子单打乒乓球比赛抽签

该比赛共有 19 个队参赛,各队限报 2 名运动员。根据报名统计,只有上届前 2 名种子运动员参加了本次比赛。

第一阶段抽签：上届 1 号种子在 A 组 1 号位，2 号种子在 B 组 1 号位，其他由电脑抽签，分成 8 小组。

第 A 组至 H 组小组前两名的运动员，第一阶段成绩结果见表 5-10。A 组第一名毛 * *（农商）简称 A1。

表 5-10　第一阶段成绩表

A1	毛 * *（农商）	A2	徐 *（民泰）
B1	金 * *（中行）	B2	吴 * *（人保）
C1	王 *（太平洋）	C2	陈 * *（人行）
D1	季 * *（稠州）	D2	朱 * *（农行）
E1	朱 * *（农行）	E2	吴 * *（人行）
F1	陶 * *（太平洋）	F2	朱 * *（瑞丰）
G1	鲍 * *（浙商）	G2	朱 * *（民泰）
H1	韩 * *（中行）	H2	陈 *（建行）

在第一阶段循环赛中，只有 2 名种子运动员，既在 A 组第 1 个位置和 B 组第 1 个位置中。在第二阶段的抽签中，A 组所在的小组循环赛后获得的第一名和 B 组所在的小组循环赛后获得的第一名，为第二阶段抽签时前二位种子的运动员。第二阶段采用 16 个位置号进行淘汰赛加附加赛，抽签方案如下。

第一步：A 组第一名毛 * *（农商）进入 1 号位，B 组第一名金 * *（中行）进入 16 号位。

第二步：其他组第一名中有跟 16 号位属于同一单位的中行，H 组第一名韩 * *（中行）到上半区，C 组第一名王 *（太平洋）和 F 组第一名陶 * *（太平洋）运动员属于同一单位，这两位运动员先抽上下半区。结果 C1 抽入上半区，F1 抽入下半区。

第三步：剩下 3 名小组第一名，D 组第一名季 * *（稠州）、E 组第一名朱＊＊(农行)、G组第一名鲍＊＊(浙商),1人抽上半区,2人抽下半区,结果 E1 抽入上半区,D1、G1 抽入下半区。

第四步:H1、C1、E1 抽上半区 4、5、8 号位,F1、D1、G1 抽下半区 9、12、13 号位。结果 C1 抽入 4 号位,H1 抽入 5 号位,E1 抽入 8 号位,G1 抽入 9 号位,D1 抽入 12 号位,F1 抽入 13 号位(见图 5 - 25)。

上半区	1/4 区	1	2	3	4
		A1 毛＊＊(农商)	D2	G2	C1 王＊(太平洋)
	2/4 区	8	7	6	5
		E1 朱＊＊(农行)	B2	F2	H1 韩＊＊(中行)
下半区	3/4 区	9	10	11	12
		G1 鲍＊＊(浙商)	C2	E2	D1 季＊＊(稠州)
	4/4 区	16	15	14	13
		B1 金＊＊(中行)	A2	H2	F1 陶＊＊(太平洋)

图 5 - 25　第二阶段各小组第一名抽签结果

第五步:各小组的第二名将被抽入没有同组第一名的其他半区。G组第二名朱＊＊(民泰)、D组第二名朱＊＊(农行)、B组第二名吴＊＊(人保)、F组第二名朱＊＊(瑞丰)进入上半区;A组第二名徐＊(民泰)、C组第二名陈＊＊(人行)、E组第二名吴＊＊(人行)、H组第二名陈＊(建行)进入下半区。

第六步:上半区 G2、D2、B2、F2 里,D2 朱＊＊(农行)和 E1 朱＊＊(农行)属于同一单位,D2 进入 1/4 区,G2、B2、F2 三名运动员,1 名抽 1/4 区,2 名抽 2/4 区,结果 G2 抽入 1/4 区,B2、F2 抽入 2/4 区。再 D2、G2 抽 2、3 号位,B2、F2 抽 6、7 号位,结果 D2 抽入 2 号位,G2 抽入 3 号位,F2 抽入 6 号位,B2 抽入 7 号位。

第七步:下半区 A2、C2、E2、H2 由于没有同单位运动员,可直接抽 10、11、14、15 号位。结果 C2 抽入 10 号位,E2 抽入 11 号位,H2 抽入 14 号位,A2 抽入 15 号位。

第七节　2020 年浙江省乒乓球积分赛赛制

"浙里乒"第三届浙江省业余乒乓球嘉年华暨 2020 年浙江省乒乓球积分赛(横店站)团体赛比赛,采用三三单打对抗赛:

(1) 第一盘:A—X

(2) 第二盘:B—Y

(3) 第三盘:C—Z

比赛采用 3 盘 2 胜制,小组赛二盘打满(积分计算:3 比 0 得 2 分,2 比 1 得 1.5 分,1 比 2 得 1 分,0 比 3 得 0.5 分,弃权得 0 分),总分相加,第一阶段小组循环赛前 4 名进入第二阶段淘汰赛加附加赛。

双打比赛,采用三人制:双打可以由(2～3 人)组成一个团队,当局分 0 比 1 或 1 比 0 或者 1 比 1 时,一场比赛局间允许更换 1 次运动员(增加赛事娱乐性)。第一阶段小组循环赛前 4 名进入第二阶段淘汰赛加附加赛。

第六章

抽签方法与计算介绍

第一节　横排法抽签方法

本节介绍抽签的横向排列的方法,重点介绍 8、16、32、64、128 个抽签位置的排序情况,下面依次介绍。

8 个抽签位置排序见图 6-1,(1)～(4) 表示种子序号。

16 个抽签位置排序见图 6-2,(1)～(8)表示种子序号。

32 个抽签位置排序见图 6-3,(1)～(16)表示种子序号。

64 个抽签位置排序见图 6-4,(1)～(32)表示种子序号。

128 个抽签位置排序见图 6-5,(1)～(64)表示种子序号。

区		位置号		分区
1/2区	1/4区	1 （1）	2	1区
	1/4区	4 （4）	3	2区
1/2区	1/4区	5 （3）	6	3区
	1/4区	8 （2）	7	4区

图 6-1　8个抽签位置排序

区		1/8区		1/8区		分区
		位　置　号				
1/2区	1/4区	1 (1)	2	3	4 (8)	1区
	1/4区	8 (4)	7	6	5 (5)	2区
1/2区	1/4区	9 (3)	10	11	12 (6)	3区
	1/4区	16 (2)	15	14	13 (7)	4区

图6-2　16个抽签位置排序

区		1/8区				1/8区				分区
		1/16区		1/16区		1/16区		1/16区		
		位　置　号								
1/2区	1/4区	1 (1)	2	3	4 (16)	5 (9)	6	7	8 (8)	1区
	1/4区	16 (4)	15	14	13 (13)	12 (12)	11	10	9 (5)	2区
1/2区	1/4区	17 (3)	18	19	20 (14)	21 (11)	22	23	24 (6)	3区
	1/4区	32 (2)	31	30	29 (15)	28 (10)	27	26	25 (7)	4区

图6-3　32个抽签位置排序

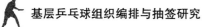

1/8区	1/16区	1/32区	位置号	1区	(种子)	2区	(种子)	3区	(种子)	4区	(种子)
1/8区	1/16区	1/32区	1	1	(1)	32	(4)	33	(3)	64	(2)
			2	2		31		34		63	
		1/32区	3	3		30		35		62	
			4	4	(32)	29	(29)	36	(30)	61	(31)
	1/16区	1/32区	5	5	(17)	28	(20)	37	(19)	60	(18)
			6	6		27		38		59	
		1/32区	7	7		26		39		58	
			8	8	(16)	25	(13)	40	(14)	57	(15)
1/8区	1/16区	1/32区	9	9	(9)	24	(12)	41	(11)	56	(10)
			10	10		23		42		55	
		1/32区	11	11		22		43		54	
			12	12	(24)	21	(21)	44	(22)	53	(23)
	1/16区	1/32区	13	13	(25)	20	(28)	45	(27)	52	(26)
			14	14		19		46		51	
		1/32区	15	15		18		47		50	
			16	16	(8)	17	(5)	48	(6)	49	(7)

图 6－4　64 个抽签位置排序

1区（1/2区、1/4区）

位置号	1	2	3	4	5	6	7	8	9	10	11	12	13	14	15	16	17	18	19	20	21	22	23	24	25	26	27	28	29	30	31	32
签号	(1)			(64)	(33)			(32)	(17)			(48)	(49)			(16)	(9)			(56)	(41)			(24)	(25)			(40)	(57)			(8)

2区（1/2区、1/4区）

位置号	33	34	35	36	37	38	39	40	41	42	43	44	45	46	47	48	49	50	51	52	53	54	55	56	57	58	59	60	61	62	63	64
签号	(4)			(61)	(36)			(20)	(45)			(52)	(13)			(12)	(44)			(53)	(21)			(28)	(37)			(5)	(60)			(29)

3区（1/2区、1/4区）

位置号	65	66	67	68	69	70	71	72	73	74	75	76	77	78	79	80	81	82	83	84	85	86	87	88	89	90	91	92	93	94	95	96
签号	(3)			(62)	(35)			(19)	(46)			(51)	(14)			(11)	(43)			(54)	(22)			(27)	(38)			(6)	(59)			(30)

4区（1/2区、1/4区）

位置号	97	98	99	100	101	102	103	104	105	106	107	108	109	110	111	112	113	114	115	116	117	118	119	120	121	122	123	124	125	126	127	128
签号	(2)			(63)	(34)			(18)	(47)			(50)	(15)			(10)	(42)			(55)	(23)			(26)	(39)			(7)	(58)			(31)

图 6 - 5　128 个抽签位置排序

139

1. 种子序号之和的规律

各区(1/2 1/4 1/8…)两个种子序号(实力指数)之和规律：种子数+1

4 个种子 1/2 区

1+4=5   3+2=5

8 个种子 1/4 区

1+8=9   4+5=9   3+6=9   2+7=9

16 个种子 1/8 区

1+16=17   9+8=17   4+13=17   12+5=17

3+14=17   11+6=17   2+15=17   10+7=17

32 个种子 1/16 区

1+32=33   17+16=33   9+24=33   25+8=33

4+29=33   20+13=33   12+21=33   28+5=33

3+30=33   19+14=33   11+22=33   27+6=33

2+31=33   18+15=33   10+23=33   26+7=33

64 个种子 1/32 区

1+64=65 33+32=65 17+48=65 49+16=65 9+56=65 41+24=65 25+40=65 57+8=65

4+61=65 36+29=65 20+45=65 52+13=65 12+53=65 44+21=65 28+37=65 60+5=65

3+62=65 35+30=65 19+46=65 51+14=65 11+54=65 43+22=65 27+38=65 59+6=65

2+63=65 34+31=65 18+47=65 50+15=65 10+55=65 42+23=65 26+39=65 58+7=65

2. 种子分布规律(见图 6-6)

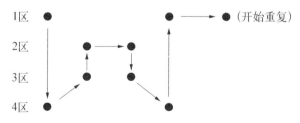

图 6-6 种子走向分布规律

种子规律：1-4-3-2-2-3-4-1→1-4-3-2-2-3-4-1→1-4-3-2-2-3-4-1…

第二节　义乌市乒乓球精英赛横排抽签实例

一、比赛办法

本次共 104 人参加单打比赛,比赛分两个阶段进行。第一阶段为小组循环赛,每组人数以 5 人为主。

种子情况:上届 1～8 名种子运动员全部参加比赛,9～16 名种子当中有 2 名未参加比赛,并列 17 名的 16 名运动员中有 5 名运动员未参加比赛。

按比赛的要求,第一阶段比赛分为 21 组进行循环赛,由于参赛运动员不是 105 人,要考虑"尾巴队"如何设置。为了使比赛更合理,我们设定 1 号种子位置的 1 组由 4 名运动员构成。第 1 组 4 名运动员,第 2 至第 21 组各 5 名运动员。

第一步:上届第 1 名至第 8 名按顺序进入第 1 组至第 8 组,8 个循环小组的 1 号位置。

第二步:上届第 9 至 16 名中参加本次比赛的 6 位运动员,按顺序进入第 9 组至 14 组,6 个循环小组的 1 号位置。

第三步:上届并列 17 名中参加本次比赛的 11 位运动员,抽签进入第 15 组至 17 组循环小组的 1 号位置和第 18 组至 21 组循环小组的 1 号、2 号位置,小组内同单位合理分开(见图 6-7)。

第四步:其他 79 名运动员,抽签进入剩余位置,小组内同单位运动员合理分开。

二、第二阶段抽签

第一阶段中,上届第 1～8 名运动员,按顺序进入第 1 组至第 8 组,8 个小组的 1 号位置。

	1组	2组	3组	4组	5组	6组	7组	8组
1	1	2	3	4	5	6	7	8
2								
3								
4								
5								

	9组	10组	11组	12组	13组	14组	15组	16组
1	9	10	11	12	13	14	并列17	并列17
2								
3								
4								
5								

	17组	18组	19组	20组	21组
1	并列17	并列17	并列17	并列17	并列17
2		并列17	并列17	并列17	并列17
3					
4					
5					

图 6-7 21 组种子抽签进位情况

第二阶段比赛采用淘汰赛,第一批第 1 组的第一名为淘汰赛抽签的
1 号种子,第 2 组的第一名为淘汰赛抽签的 2 号种子;第二批第 3 组、第 4 组
的第一名为淘汰赛抽签的 3 号、4 号种子;第三批第 5 组至第 8 组的第一名
为淘汰赛抽签的 5~8 号种子;第四批第 9 组至第 14 组的第一名为淘汰赛
抽签的 9~14 号种子;第五批第 15 组至第 21 组的第一名,抽签选出 2 名运
动员为 15~16 号种子;第六批未抽入前 16 种子的第一名,进入相应的位
置。抽签时同单位运动员合理分开。

第一步:参加第二阶段比赛的运动员人数为 42 人,比赛采用 64 个位置
号,找出 22 个轮空位置,轮空位置应按照种子排列先后次序安排(见图 6-8)。

第二步:1-1(表示第 1 组的第一名)吴 * 亮(江东)列为第二阶段的
1 号种子,进入 1 号位置;2-1孟 * 峰(市乒协)列为第二阶段的 2 号种子,
进入 64 号位置。

表 6-1　第一阶段成绩表

名次	1组	2组	3组	4组	5组	6组	7组	8组
1	吴＊亮(江东)	孟＊峰(市乒协)	蒋＊(市乒协)	孙＊军(市乒协)	宗＊锋(恒风)	骆＊栋(市乒协)	华＊樱(市场发展)	杨＊豪(文豪)
2	宋＊园(市乒协)	胡＊理(佛堂)	丁＊凯(佛堂)	陈＊跃(后宅)	金＊(市乒协)	何＊民(城西)	朱＊富(市乒协)	张＊胜(财政局)

名次	9组	10组	11组	12组	13组	14组	15组	16组
1	毛＊辉(后宅)	陈＊明(邮政局)	余＊才(后宅)	宗＊军(市乒协)	王＊堂(妇幼)	陶＊栋(市乒协)	王＊(交投集团)	何＊伟(后宅)
2	黄＊生(市乒协)	余＊武(后宅)	吴＊伟(市乒协)	毛＊军(农商)	傅＊军(电力)	刘＊(市乒协)	沈＊祥(市乒协)	王＊(市乒协)

名次	17组	18组	19组	20组	21组
1	骆＊江(市乒协)	宋＊华(恒风)	骆＊军(执法局)	冯＊荣(市乒协)	王＊豪(市乒协)
2	傅＊军(后宅)	吴＊飞(市乒协)	骆＊伟(市乒协)	封＊龙(市乒协)	朱＊忠(佛堂)

第三步：3-1蒋＊(市乒协)、4-1孙＊军(市乒协)抽选32、33号位,同单位运动员合理分开,结果蒋＊(市乒协)抽入32号位置,孙＊军(市乒协)抽入33号位置。

第四步：5-1宗＊锋(恒风)、6-1骆＊栋(市乒协)、7-1华＊樱(市场发展)、8-1杨＊豪(文豪),抽选16、17、48、49号位,同单位运动员要合理分开,因为2/4区、3/4区、4/4区都有市乒协运动员,所以骆＊栋(市乒协)进入1/4区的16号位置,宗＊锋(恒风)、华＊樱(市场发展)、杨＊豪(文豪)抽选17、48、49号位置,结果宗＊锋(恒风)抽入17号位置,华＊樱(市场发展)抽入48号位置,杨＊豪(文豪)抽入49号位置。

第五步：由于第一阶段9~16号种子来参加的只有6名运动员,所以在15~21组的第一名中抽出2名,进入9~16号种子抽签。结果16-1何＊伟(后宅)、19-1骆＊军(执法局)抽入前16名(见图6-9)。

位置号															
1	2	3	4	5	6	7	8	9	10	11	12	13	14	15	16
(1)	轮空			(17)	轮空	轮空	(16)	(9)	轮空					轮空	(8)
32	31	30	28	28	27	26	25	24	23	22	21	20	19	18	17
(4)	轮空			(20)	轮空	轮空	(13)	(12)	轮空	轮空	(21)			轮空	(5)
33	34	35	36	37	38	39	40	41	42	43	44	45	46	47	48
(3)	轮空			(19)	轮空	轮空	(14)	(11)	轮空	轮空	(22)			轮空	(6)
64	63	62	61	60	59	58	57	56	55	54	53	52	51	50	49
(2)	轮空			(18)	轮空	轮空	(15)	(10)	轮空					轮空	(7)

图 6－8　轮空位置的确定

位置号	1	2	3	4	5	6	7	8	9	10	11	12	13	14	15	16
	吴*亮(江苏)	轮空			(17)	轮空	轮空	(16)	(9)	轮空	轮空	(24)			轮空	骆*栋(市乒协)
	32	31	30	29	28	27	26	25	24	23	22	21	20	19	18	17
	拣*(市乒协)	轮空			(20)	轮空	轮空	(13)	(12)	轮空	轮空	(21)			轮空	宗*峰(恒风)
	33	34	35	36	37	38	39	40	41	42	43	44	45	46	47	48
	孙*军(市乒协)	轮空			(19)	轮空	轮空	(14)	(11)	轮空	轮空	(22)			轮空	华*樱(市场发展)
	64	63	62	61	60	59	58	57	56	55	54	53	52	51	50	49
	孟*峰(市乒协)	轮空			(18)	轮空	轮空	(15)	(10)	轮空	轮空	(23)			轮空	杨*豪(文豪)

图 6 - 9　1～8 号种子抽签位置情况

第六步：9-1毛＊辉（后宅）、10-1陈＊明（邮政局）、11-1余＊才（后宅）、12-1宗＊军（市乒协）、13-1王＊堂（妇幼）、14-1陶＊栋（市乒协）、16-1何＊伟（后宅），19-1骆＊军（执法局）9-16号种子抽选8、9、24、25、40、41、56、57号位置。按抽签难度的大小或者抽签要求的高低排列，第一批为毛＊辉（后宅）、余＊才（后宅）、何＊伟（后宅），第二批为宗＊军（市乒协）与14-1陶＊栋（市乒协），第三批为陈＊明（邮政局），王＊堂（妇幼），骆＊军（执法局）（见图6-10）。

8 宗＊军（市乒协）	9 陈＊明（邮政局）1区
25 毛＊辉（后宅）	24 王＊堂（妇幼）2区
40 余＊才（后宅）	41 陶＊栋（市乒协）3区
57 何＊伟（后宅）	56 骆＊军（执法局）4区

图6-10　9～16号种子抽签位置

第七步：先同单位运动员抽选赛区，第一批3名同单位运动员抽到不同的1/4区，第二批2名同单位运动员，由于在前8名的种子当中，各1/4区都有一名同单位运动员了，抽入不同的半区后，抽入上半区的运动员，抽入不同单位的1/8区，只能抽入1/8区或3/8区。抽入下半区的运动员，抽入不同单位的1/8区，只能抽入6/8区或7/8区，抽签加控制每1/4区或1/8区，各区抽进2名运动员后再进位。结果宗＊军（市乒协）进8号位置，陈＊明（邮政局）进9号位置，王＊堂（妇幼）进24号位置，毛＊辉（后宅）进25号位置，余＊才（后宅）进40号位置，陶＊栋（市乒协）进41号位置，骆＊军（执法局）进56号位置，何＊伟（后宅）进57号位置。

第八步：15-1王＊（交投集团）、17-1骆＊江（市乒协）、18-1宋＊华（恒风）、20-1冯＊荣（市乒协）、21-1王＊豪（市乒协），抽签进入5、21、28、37、60号位置。第一批为骆＊江（市乒协）、冯＊荣（市乒协）、王＊豪（市乒协）；第二批为宋＊华（恒风）；第三批为王＊（交投集团）。

位置号															
1	2	3	4	5	6	7	8	9	10	11	12	13	14	15	16
吴*亮(江东)	轮空			王*(交投集团)	轮空	轮空	宗*军(市乒协)	陈*明(邮政局)	轮空					轮空	骆*栋(市乒协)
32	31	30	28	28	27	26	25	24	23	22	21	20	19	18	17
蒋*(市乒协)	轮空			骆*江(市乒协)	轮空	轮空	毛*辉(后宅)	王*堂(妇幼)	轮空	轮空	冯*荣(市乒协)			轮空	宗*锋(恒风)
33	34	35	36	37	38	39	40	41	42	43	44	45	46	47	48
孙*军(市乒协)	轮空			宋*华(恒风)	轮空	轮空	余*才(后宅)	陶*栋(市乒协)	轮空	轮空	(22)			轮空	华*樱(市场发展)
64	63	62	61	60	59	58	57	56	55	54	53	52	51	50	49
孟*峰(市乒协)	轮空			王*豪(市乒协)	轮空	轮空	何*伟(后宅)	骆*军(执法局)	轮空					轮空	杨*豪(文豪)

图 6－11　各小组第一名抽签结果

第九步：先同单位运动员抽选赛区。第一批有 3 名同单位运动员，抽到不同的区，依据前 16 名种子的抽签结果，有 6 个 1/8 区有市乒协运协员，3/8 和 8/8 没有市乒协运动员，又因 8/8 没有位置，所以 3 名运动员中，有 1 名运动员进入 3/8 区 21 号位置，另两位上下半区各一位，抽入上半区不能进 2/16 区，只能进 7/16 区；第二批宋＊华(恒风)有一位运动员在上半区，所以他只能在下半区；第三批王＊(交投集团)与市乒协未进 3/8 区的运动员一起抽签。结果王＊(交投集团)进 5 号位置，冯＊荣(市乒协)进 21 号位置，骆＊江(市乒协)进 28 号位置，宋＊华(恒风)进 37 号位置，王＊豪(市乒协)进 60 号位置(见图 6 - 11)。

第十步：抽各小组第 2 名运动员，第 2 名运动员抽到与各自同组第 1 名不同半区。

第十一步：在下半区的第 2 名当中抽出 1 名运动员进入第 22 号种子的 44 号位置。

第十二步：按抽签难度的大小或者抽签要求的高低排列后，再进行抽签，抽签时先进区再进位。

第三节　全自助卡片抽签方法

本抽签主要用于 1、2 号种子定位后，3、4 号种子如何抽签进位。比如 16 个位置号，前四位种子 1 号、2 号、3 号、4 号种子抽签进位到 1、16、9、8 四个位置号里面。1 号种子进入 1 号位，2 号种子进入 16 号位，那么 3 号种子宁波队、4 号种子温州队如何抽入 8 号和 9 号位。

第一步：介绍抽签方法并展示，说明第一排和第二排叫游离卡(见图 6 - 12)。第一排深色，由"爱心"和"笑脸"组成，第二排浅色，由"爱心"和"笑脸"组成，第三排是深色的队名签，第四排是浅色的号签(见图 6 - 13)。

第二步：请 1 号、2 号、3 号、4 号种子队的代表到抽签席。

第三步：1 号、2 号、3 号、4 号种子队的代表随机拿一排的 2 张卡(1　1)(2　2)、(3　3)、(4　4)。其中(1　1)表示在图 6 - 12 中第一排深

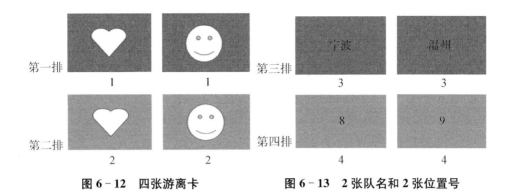

第一排　　　　　第三排

图 6-12　四张游离卡　　　　　图 6-13　2 张队名和 2 张位置号

色的两张卡片,第一个 1 代表"爱心"卡片,另一个 1 代表"微笑"卡片;(2　2)表示在图 6-12 中第二排浅色的两张卡片,第一个 2 代表"爱心"卡片,另一个 2 代表"微笑"卡片;(3　3)表示在图 6-13 中第三排深色的两张卡片,第一个 3 代表"宁波队"卡片,另一个 3 代表"温州队"卡片;(4　4)表示在图 6-13 中第二排浅色的两张卡片,第一个 4 代表"8 号位"卡片,另一个 4 代表"9 号位"卡片。各自用手拿到背后正面朝下,两张交叉洗一下。

　　第四步:先拿到第一排(1　1)和第二排(2　2)的卡片的抽签代表先放,每人 2 张正面朝下洗过后,依次分开放。

　　第五步:后拿到第三排(3　3)和第四排(4　4)的卡片的抽签代表再放,每人 2 张正面朝下洗过后,放在不同颜色的下面。

　　第六步:全部翻开。如图 6-14,上排的四张卡片,有两张"爱心"的下面是 9 和宁波,宁波队进 9 号位;有两张"笑脸"的下面是 8 和温州,温州队进 8 号位(见图 6-14)。

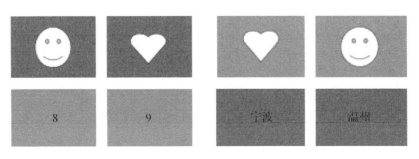

图 6-14　抽签结果

第四节　循环赛名次计算

A、B、C、D、E 五名运动员进行循环赛,比分见图 6‐15,请填写完整并计算他们的名次。

	A	B	C	D	E	积分	计算	名次
A	★							
B	−8 9 −7 8 −8	★						
C	−8 −9 9 8 8	−9 −9 8 7 −7	★					
D	−8 9 −7 8 −8	−8 −8 −8	−9 −9 8 9 −9	★				
E	−7 −7 −7	−9 −9 −9	8 9 −9 −8 −8	−8 −9 −8	★			

图 6‐15　循环赛比赛成绩

第一步:填写完整(见图 6‐16)

	A	B	C	D	E	积分	计算	名次
A	★	3∶2	2∶3	3∶2	3∶0			
B	−8 9 −7 8 −8	★	3∶2	3∶0	3∶0			
C	−8 −9 9 8 8	−9 −9 8 7 −7	★	3∶2	3∶2			
D	−8 9 −7 8 −8	−8 −8 −8	−9 −9 8 9 −9	★	3∶0			
E	−7 −7 −7	−9 −9 −9	8 9 −9 −8 −8	−8 −9 −8	★			

图 6‐16　登记完整局分

第二步:根据《乒乓球竞赛规则》(2016)3.7.5.1,在分组循环赛中,小组里每一成员应与组内所有其他成员进行比赛,胜一场得2分,在完成的比赛中负一场得1分,所得积分 A 为7分,B 为7分,C 为7分,D 为5分,E 为4分。依据积分大小,所得 D 为第四名,E 为第五名(见图 6‐17)。

	A	B	C	D	E	积分	计算	名次
A	★	3：2	2：3	3：2	3：0	7		
B	−8 9 −7 8 −8	★	3：2	3：0	3：0	7		
C	−8 −9 9 8 8	−9 −9 8 7 −7	★	3：2	3：2	7		
D	−8 9 −7 8 −8	−8 −8 −8	−9 −9 8 9 −9	★	3：0	5		4
E	−7 −7 −7	−9 −9 −9	8 9 −9 −8 −8	−8 −9 −8	★	4		5

图 6 - 17 积分计算

第三步：根据《乒乓球竞赛规则》(2016 版 3.7.5.2 条款)，如果小组的两个或更多的成员积分相同，他们的名次应按他们相互之间比赛的成绩决定。首先计算他们之间获得的积分，再根据需要计算局和分的胜负比率，直至算出名次为止。

首先计算他们之间获得的积分，所得积分 A 为 3 分，B 为 3 分，C 为 3 分，A、B、C 积分相等。

再根据需要计算局的胜负比率，所得胜负比率 A 为 5/5，B 为 5/5，C 为 5/5，A、B、C 局的胜负比率也相等。

再计算分的胜负比率，所得胜负比率 A 为 97/95 约等于 1.021，B 为 93/97 约等于 0.959，C 为 97/95 约等于 1.021，因 A 和 C 相等都是 1.021，B 是 0.959，所以 B 最小，B 第三名(见图 6 - 18)。

	A	B	C	积分	计算	名次
A	★	3：2	2：3	7 3	5/5 97/95	
B	−8 9 −7 8 −8	★	3：2	7 3	5/5 93/97	3
C	−8 −9 9 8 8	−9 −9 8 7 −7	★	7 3	5/5 97/95	

图 6 - 18 积分相同后三名运动员积分计算

第四步：根据《乒乓球竞赛规则》(2016 版)第 3.7.5.2 条款规定，如果小组的两个或更多的成员积分相同，他们的名次应按他们相互之间比赛的成绩决定。首先计算他们之间获得的积分,再根据需要计算局和分的胜负比率,直至算出名次为止。

根据规则,两个积分相等,也要从他们之间获得的积分开始算,所得积分 A 为 1,C 为 2,所以 C 第一名,A 第二名(见图 6-19)。

	A	C	积分	计算	名次
A	★	2:3	1		2
C	-8 -9 9 8 8	★	2		1

图 6-19 A 和 C 积分相同情况下的积分计算

五名运动员,最终名次(第一名至第五名)依次为:C、A、B、D、E(见图 6-20)。

	A	B	C	D	E	积分	计算	名次
A	★	3:2	2:3	3:2	3:0	7 3 1	5/5 97/95	2
B	-8 9 -7 8 -8	★	3:2	3:0	3:0	7 3	5/5 93/97	3
C	-8 -9 9 8 8	-9 -9 8 7 -7	★	3:2	3:2	7 3 2	5/5 97/95	1
D	-8 9 -7 8 -8	-8 -8 -8	-9 -9 8 9 -9	★	3:0	5		4
E	-7 -7 -7	-9 -9 -9	8 9 -9 -8 -8	-8 -9 -8	★	4		5

图 6-20 最终排名情况

第七章

编排与抽签工作总结

第一节　全国少午南方赛区
编排组工作总结

2018 年全国乒乓球锦标赛(U13 组)暨全国少年乒乓球比赛南方赛区,于 2018 年 4 月 21 日至 25 日圆满举办。编排组在裁判长徐敏老师和副裁判长刘文珂老师的带领下,在编排组全体老师的共同努力下,出色地完成了本次比赛的所有工作。现将编排组在比赛期间的工作总结如下。

一、前期工作准备充分

1. 整理报名单

各运动队的名单发来后,制作参赛汇总表。运动员总共 190 名,经过整理,参赛运动队有 25 支代表队,有男团 24 支、女团 24 支、男运动员 95 名、女运动员 94 名。其中四川绵阳万 * 君(女)有两位,经身份证号确认是同一人。运动员打法标识,采用了特殊打法的中文拼音的首字母,如"张 * 菡颗粒胶"写"张 * 菡 K",这样写方便裁判员更直观地分辨出来。

2. 制作比赛方案

根据报名情况,确定男女团体第一阶段各分 6 组进行循环赛,第二阶段小组前两名运动员参加淘汰赛加附加赛决出 1～12 名,小组 3、4 名决 13～

24 名。单打比赛也分为两个阶段进行,男女单打第一阶段各分 16 个小组进行循环赛,每组 5～6 名,5 局 3 胜制,第二阶段小组前两名运动员参加淘汰加附加赛决出 1～32 名,第二阶段淘汰赛为 7 局 4 胜制,附加赛为 5 局 3 胜制。

后因超骨龄和文化课未达标等原因,取消了部分运动员的资格。余下男团 21 个队,分 6 组,小组前两名决 1～9 名。比赛采用淘汰赛,前八名加附加赛决出 1～8 名,小组 3～4 名采用淘汰赛决 13～21 名。余下女团 21 个队,分 5 个组,小组前两名决 1～9 名,比赛采用淘汰赛,前八名加附加赛决出 1～8 名,小组 3～4 名采用淘汰赛决 11～19 名。

团体比赛共 104 场球,男子团体 51 场,女子团体 53 场。单打比赛共 525 场,男子单打 270 场,女子单打 255 场。

3. 确定大会日程

本次比赛要求 21 日晚上开始比赛,25 日晚上 6 点前结束。根据计算比赛需要 10 个时间结束。团体 5 个时间,体能测试 1 个时间,单打 4 个时间。

4. 确认各队名单

在教练员会议之前,确认最终运动员情况,这份名单删掉了超骨龄的 9 名运动员和 11 名文化课成绩未通过被取消资格的运动员。最终参赛的运动员男 86 名,女 83 名。男子团体比赛 21 支代表队,女子团体 20 支代表队。

5. 投影显示抽签

为了在团体抽签时更直观,更清楚地反映出抽签时运动队的进位情况,制作了抽签结果公布表。

6. 了解场地情况

本次比赛四楼有 12 张球台,有可移动式看台,三楼有 20 张球台,只有四周有椅子可供教练员指导。比赛以四楼为主,因为四楼有主席台,有看台。在编排时,尽量用四楼,如能用一个馆尽量就用一个馆。

7. 公示单打种子

因本次单打比赛男女各分为 16 个小组,所以要找出 16 名运动员作为本次单打比赛第一阶段的种子。

种子查找确认依据：第一步，2017年南方赛区单打前32名运动员名次；第二步，2017年后备人才基地比赛名次。

二、方案变更快速准确

1. 团体队数减少

21日中午收到通知因为超骨龄取消9名运动员（男4名、女5名运动员）的资格。15：50，领队会前10分钟收到通知因文化课未达标取消11名运动员（男5名、女6名）的资格。团体比赛要求必须3人以上才能参加，经过核对，男子团体取消了3个队，女子团体取消了4个队。男子团体方案还是6个组，每组人数变更为3、3、3、4、4、4。女子团体方案分组数取消了一个组，变为5个组，每组人数变更为4人。

2. 方案快速重编

在领队会议和裁判长技术会议之前，确认了代表队的参赛情况和运动员的打法情况；在领队会议和裁判长技术会议期间，完成了名单确认、团体比赛编排方案的重新制定工作。18：00点完成抽签工作，18：20完成编排工作，输出团体排名表和记分表。18：40开始团体比赛的检录。

三、团队协作亲密无间

1. 分工明确

刘文珂老师分管编排组工作，华承健负责编排工作，钱康和潘张鑫负责四楼1~12台手工登记与成绩公告，王文俊和田盛龙负责三楼13~32台的手工登记与成绩公告。

2. 团结协作

在团体比赛第一阶段抽签环节和团体比赛第二阶段抽签环节的过程中，协助裁判长做好抽签辅助签卡的递送和下一步抽签的提醒工作。

编排组内部，分工不分家，大家一起共同完成登分、成绩公告、抽签卡制作、成绩校对等环节。

3. 相互补台

在第二阶段开记分单的过程中,由于笔者开记分单时,未打印已导出的记分单,就错误地关闭了积分单,又因为单打 32 人的表格复杂,就没有打印有场次号的表格,导致大家仿佛在盲区内工作一样。在编排组老师们的共同努力下,比赛很快恢复正常,但还是耽误了一些体能测试时间。

四、经验做法

(一) 手工抽签

1. 团体第一阶段抽签

整理上届的名次情况,理出 8 个种子(因上届有非常清楚的 1~8 名运动队),8 个种子抽到 6 组。

第一步:前 6 名种子依次进入 6 个组的 1 号位置。

第二步:后两个种子抽入最后两组的第 2 号位置。

第三步:考虑有血缘关系的运动队合理分开(如西藏神鹰和江苏神鹰,上海队、上海青年队、上海曹燕华等),分在不同的组。先抽这些有血缘关系的运动队进组,再进位。

第四步:其他运动队一次进位。

2. 团体第二阶段抽签

(1) 先抽种子所在的组的第一名。

(2) 各组的第二名,将被抽入没有同组第一名的不同半区。

(3) 有血缘关系的运动队第一轮尽量不相遇。

3. 单打第一阶段抽签

先把单打 16 名种子放入 16 个小组的 1 号位置,在规定的单打抽签时间里,由运动队派代表到电脑前面,核对 16 名种子进位情况无误后,由代表按下抽签键,进行抽签,导出抽签结果。

4. 单打第二阶段抽签

(1) 先抽种子所在的组的第一名。

（2）各组的第二名，将被抽入没有同组第一名的不同半区。

（3）同协会的运动员合理分开。

（4）有血缘关系的运动队第一轮尽量不相遇。

（二）场地的合理运用

根据比赛的重要性和激烈程度，团体半决赛和决赛放在四楼举行，单打第二阶段的第 3 轮和第 4 轮放在三楼 20 张球台上举行。

第二节　浙江省运会编排工作总结

浙江省第十六届运动会乒乓球比赛于 2018 年 8 月 11 日至 18 日，在安吉圆满举办。本次比赛采用赛事助手软件乒乓球版辅助编排工作，编排组共 4(1＋3)人，编排长 1 名，编排员 3 名。编排组在全体老师的共同努力下，出色地完成了本次比赛编排组所有工作。现将编排组的工作总结如下。

一、前期工作

（一）整理报名名单

7 月 16 日，各运动队的名单发来后，制作参赛汇总表（见表 7－1），参赛运动员共 299 名，有 11 支代表队参赛。

表 7－1　各项目组别参赛（队）人员情况

组　　别	甲组	乙组	丙组
男子团体	10	10	11
女子团体	10	10	9
男子单打	48	50	52

组　　别	甲组	乙组	丙组
女子单打	49	48	50
男子双打	19	20	21
女子双打	20	20	20

（二）标识运动员特殊打法

由于竞赛规程中规定团体比赛要有特殊打法的运动员，为了方便临场运动中的执裁，我们采用了特殊打法的中文拼音的首字母，如"王＊琅直拍（非长胶）"，写"王＊琅 Z"，丙组"许＊然颗粒胶"，写"许＊然 K"，方便临场裁判员直观分辨出来。

编排组根据竞赛规程，罗列了一张表格（见图 7 - 1），方便裁判员了解本次比赛的相关规定。

打法类型	特殊打法						长胶规定（限报）
	直　拍			横　拍			
	反胶	颗粒胶		反胶	颗粒胶		
		正胶等（Out）	长胶（Long）		正胶等（Out）	长胶（Long）	
男子甲乙组	●	●	✖	✖	●	●	1
男子丙组	●	●	✖	✖	●	✖	0
女子甲乙组	●	●	✖	✖	✖	✖	1
女子丙组							0

● 表示可以　　✖ 表示不可以

图 7 - 1　特殊打法的要求情况

(三) 种子抽签依据

种子抽签依据,第一步首先考虑的是 2017 年省锦标赛比赛团体及单项名次,第二步考虑 2017 年冠军赛总决赛单项名次,来补足 8 个种子位置。

1. 团体比赛抽签种子

按照 2017 年省锦标赛相应组的团体名次排列,名次在前的列前。如团体组别涉及 2 个年龄组的成绩,则以大年龄组的成绩为先,小年龄组的成绩为次。

2. 单打项目抽签种子

以 2017 年省锦标赛的名次排列为主,冠军赛总决赛相应组的单打项目名次排列为辅,涉及 2 个年龄组的成绩则以大年龄组的成绩为先,小年龄组的成绩为次。

3. 双打项目抽签种子

按 2017 年省锦标赛原配—2017 年冠军赛总决赛原配—2017 年省锦标赛半配—2017 年冠军赛总决赛半配顺序进行排列。原配的列前,半配的以单打名次高者排前;涉及 2 个年龄组的成绩则以大年龄组的成绩为先,小年龄组的成绩为次。

(四) 比赛第一阶段抽签

7 月 18 日拿到参赛运动员名单后进行猫系统抽签数据制作;19 日确认种子原则和抽签原则,查找团体和单项种子,并进行公示;20 日到省体育局参加团体和单项比赛抽签,团体和单项种子手工抽签,其他非种子由教练员当场敲击键盘,电脑抽签,并及时在教练群公布抽签结果。为了使团体抽签时更直观,更清楚地反映出抽签时运动队的进位情况,制作了抽签投影显示。

(五) 比赛展示功能测试

为了更好地为运动队、教练员以及家长提供比赛实时信息查询服务,我们在义乌市八运会乒乓球比赛中测试了比赛展示功能,确保该功能在省运会上的正常使用。

(六) 确认比赛方案

7月21日至26日抽签数据导入,男女团体第一阶段各分2组进行循环赛,第二阶段小组前4名运动员参加挑战赛加附加赛决出1～8名,比赛划块方案见图7-2。根据团体划块方案,细化团体编排表见表7-2。单项比赛全部采用淘汰赛加附加赛决出1～8名,比赛划块方案见图7-3。根据单项划块方案,细化单项编排表见表7-3和表7-4。

组别	项目	总队数	第一阶段（单循环赛）										第二阶段（挑战赛加附加赛）						
			小组前4名										决出1-8名						
			分组	小组队数	轮次							小组场数	合计场数	队数	轮次				场数	合计场数
					1	2	3	4	5	6	7				1	2	3	4		
甲组	男团	10	2	5	2	2	2	2	2			10	20	8	2	2+1	2+1	2	10	30
				5	2	2	2	2	2			10								
	女团	10	2	5	2	2	2	2	2			10	20	8	2	2+1	2+1	2	10	30
				5	2	2	2	2	2			10								
乙组	男团	10	2	5	2	2	2	2	2			10	20		2	2+1	2+1	2	10	30
				5	2	2	2	2	2			10								
	女团	10	2	5	2	2	2	2	2			10	20	8	2	2+1	2+1	2	10	30
				5	2	2	2	2	2			10								
丙组	男团	11	2	5	2	2	2	2	2			10	25	8	2	2+1	2+1	2	10	35
				6	2	2	2	2	2			15								
	女团	9	2	4	2	2	2	2				6	16	8	2	2+1	2+1	2	10	26
				5	2	2	2	2	2			10								
总计		60	60		25	25	25	23	23			121	121		12	18	18	12	60	181

11日				12日				13日			14日				15日
9:00	10:30	14:30	16:00	9:00	10:30	14:30	16:00	9:00	10:30	14:30	9:00	10:30	14:30	16:00	9:00
13	12	11	12	12	13	12	13	12	12	13	12	6	12		12

图 7-2 团体比赛划块方案

表 7 − 2　团体编排细化表

日期	时间	球台	1台	2台	3台	4台	5台	6台	7台	8台	9台	10台	11台	12台	13台	14台
11日	09:00	13	丙FTA-1	乙FTA-1	丙FTB-1	丙FTB-1	丙MTA-1	丙MTA-1	休息	丙MTB-1		乙FTA-1	乙FTA-1	乙FTB-1	乙FTB-1	
	10:30	12	乙MTA-1	丙MTA-1	乙MTB-1	丙MTB-1	甲FTA-1	甲FTA-1		甲FTB-1			甲MTA-1	乙MTA-1	甲MTB-1	甲MTB-1
	14:30	11	丙MTA-2	乙MTA-2		丙MTB-2	丙MTB-2	乙FTA-2		乙FTB-2	乙FTB-2	丙FTB-2	甲FTB-2	乙MTA-2		乙MTB-2
	16:00	12	甲FTA-2	甲FTA-2	甲FTB-2	丙FTB-2		甲FTA-2		甲MTB-2	甲MTB-2		乙MTA-2	乙MTA-2	乙MTB-2	乙MTB-2
12日	09:00	12	甲MTA-3	甲MTA-3	甲MTB-3	甲MTB-3	乙MTA-3	乙MTA-3		乙MTB-3	甲FTA-3	丙FTA-3	甲FTA-3	乙FTB-3	乙FTB-1	
	10:30	13	乙FTA-3	乙FTA-3	乙FTB-3	丙FTB-3	丙FTA-2	丙FTA-2	休息	丙MTB-3	丙FTB-3	丙MTA-3	丙MTA-3	丙FTB-3	丙MTB-3	丙MTB-3
	14:30	12	乙MTB-4	乙MTB-4	乙MTA-4	乙MTA-4	甲FTB-4	甲FTB-4		乙FTA-4	甲FTA-4	甲MTB-4	甲MTA-4	甲MTA-4	甲MTA-4	乙FTA-4
	16:00	11	丙FTB-4	丙FTB-4		丙MTA-4	丙MTB-4	丙MTB-4		甲FTA-4	丙FTB-3	丙MTA-4	乙FTB-4	乙FTB-4	乙FTA-4	
13日	09:00	13	丙MTB-5	丙MTB-5	甲MTA-5		丙MTA-5	乙MTA-5	休息	乙FTA-5		丙FTA-3	丙FTA-3	丙FTB-5	丙FTB-5	
	10:30	12	甲MTB-5	甲MTB-5	甲MTA-5	甲MTA-5	乙MTB-5	乙MTB-5		乙MTA-5	丙FTA-5	丙FT-6	乙FTB-5	丙FTB-5	甲FTA-5	甲FTA-5
	14:30	12	甲FT-6	甲FT-6	乙FT-6	丙MT-6	乙MT-6	乙MT-6		乙FTA-6	丙FT-6			甲MT-6		
14日	09:00	12		甲MT决3,4名	乙MT决3,4名	甲FT-7	甲MT-7	甲MT-7	休息	丙FT-7	丙MT-7	丙MT-7	乙FT-7	乙FT-7		
	10:30	6	乙MT决7,8名			甲FT决7,8名		甲MT决7,8名	丙FT决7,8名		丙MT决7,8名			乙FT决7,8名		
	14:30	12			乙FT-8	乙FT-8	丙FT-8	丙FT-8	甲FT-8	甲FT-8	甲MT-8	甲MT-8	乙MT-8	乙MT-8		
	16:00	6	丙MT决5,6名		乙FT决5,6名	乙FT决5,6名		丙FT决5,6名	甲FT决5,6名		甲MT决5,6名	甲MT决5,6名		乙MT决5,6名		
15日	09:00	6			乙MT决3,4名		甲FT决3,4名			乙FT决3,4名	丙FT决-,2名	丙FT决3,4名	丙MT决3,4名			
	10:00	6	甲MT决1,2名			乙MT决1,2名		甲FT决1,2名	乙FT决1,2名					丙MT决1,2名		

组别	项目	人数	轮 次							合计场数
			1	2	3	4	5	6	7	
甲组	男单	48	16	16	8	4	4	4		52
	女单	49	17	16	8	4	4	4		53
乙组	男单	50	18	16	8	4	4	4		54
	女单	48	16	16	8	4	4	4		52
丙组	男单	52	20	16	8	4	4	4		56
	女单	50	18	16	8	4	4			54
甲组	男双	19	3	8	4	4	4			23
	女双	20	4	8	4	4	4			24
乙组	男双	20	4	8	4	4	4			24
	女双	20	4	8	4	4	4			24
丙组	男双	21	5	8	4	4	4			25
	女双	20	4	8	4	4	4			24
总计		417	129	144	72	48	48	24	0	465

	16日		**17日**		**18日**
	9:00	14:30	9:00	14:30	9:00
465	120	126	123	72	24

图 7-3　单项比赛划块方案

（七）日程安排等相关工作

根据日程安排和比赛方案,制作大会日程表和竞赛日程表、运动队训练安排表。7月27日至8月3日期间,微调比赛次序,制作、调整成绩发布功能,确定用于培训的团体排名表、团体记分表、单项记分表的填写要求与模版,并用两种颜色标出哪些是教练员填写,哪些是裁判员填写。8月4日,确认秩序册。

根据场地信息(长48米、宽31米),本次比赛最多可用14张球台,每块场地计划14×6.3米;确认比赛场地球台的平面图。

领队、教练员会上制作签到表和运动员信息确认表,主要是特殊打法的信息确认。

二、比赛期间

（一）编排组日常工作

1.团体记分单打印

打印团体排名表—整理队名牌—分发队名牌和排名表—按照排名表出场顺序打印团体记分表—核对记分表。

表 7 - 3 单项编排细化表

日期	时间	赛台	1台	2台	3台	4台	5台	6台	7台	8台	9台	10台	11台	12台	13台	14台
16日	09:00	14台	丙FDS101	丙FDS102	丙FDS103	丙FDS104	丙MDS101	丙MDS102	丙MDS103	丙MDS104	丙MDS105	乙FDS101	乙FDS102	乙FDS103	乙FDS104	乙MDS101
	09:20		乙MDS102	乙MDS103	乙MDS104	甲FDS101	甲FDS102	甲FDS103	甲FDS104	甲MDS101	甲MDS102	甲MDS103				
	09:40		丙FDS201	丙FDS202	丙FDS203	丙FDS204	丙FDS205	丙FDS206	丙FDS207	丙FDS208	丙MDS201	丙MDS202	丙MDS203	丙MDS204	丙MDS205	丙MDS206
	10:00		丙MDS207	丙MDS208	乙FDS201	乙FDS202	乙FDS203	乙FDS204	乙FDS205	乙FDS206	乙FDS207	乙FDS208	乙MDS201	乙MDS202	乙MDS203	乙MDS204
	10:20		乙MDS205	乙MDS206	乙MDS207	乙MDS208	甲FDS201	甲FDS202	甲FDS203	甲FDS204	甲FDS205	甲FDS206	甲FDS207	甲FDS208	甲MDS201	甲MDS202
	10:40		甲MDS203	甲MDS204	甲MDS205	甲MDS206	甲MDS207	甲MDS208	丙FDS301	丙FDS302	丙FDS303	丙FDS304	丙MDS301	丙MDS302	丙MDS303	丙MDS304
	11:00		乙FDS301	乙FDS302	乙FDS303	乙FDS304	乙MDS301	乙MDS302	乙MDS303	乙MDS304						
	11:20				甲MDS301	甲MDS302	甲MDS303	甲MDS304	甲FDS301	甲FDS302	甲FDS303	甲FDS304				
	11:40		丙FDS401	丙FDS402	丙FDS403	丙FDS404	丙MDS401	丙MDS402	丙MDS403	丙MDS404	乙FDS401	乙FDS402	乙FDS403	乙FDS404		
	12:00		乙MDS401	乙MDS402	乙MDS403	乙MDS404	甲FDS401	甲FDS402	甲FDS403	甲FDS404	甲MDS401	甲MDS402	甲MDS403	甲MDS404		
									休息							
	14:30	12台	丙FS101	丙FS102	丙FS103	丙FS104	丙FS105	丙FS106	丙FS107	丙FS108	丙FS109	丙FS110	丙FS111	丙FS112	丙FS113	丙FS114
	14:50		丙FS115	丙FS116	丙FS117	丙FS118	丙MS101	丙MS102	丙MS103	丙MS104	丙MS105	丙MS106	丙MS107	丙MS108	丙MS109	丙MS110
	15:10		丙MS111	丙MS112	丙MS113	丙MS114	丙MS115	丙MS116	丙MS117	丙MS118	丙MS119	丙MS120	乙FS101	乙FS102	乙FS103	乙FS104
	15:30		乙FS105	乙FS106	乙FS107	乙FS108	乙FS109	乙FS110	乙FS111	乙FS112	乙FS113	乙FS114	乙FS115	乙FS116	乙FS201	乙FS202
	15:50		乙FS203	乙FS204	乙FS205	乙FS206	乙FS207	乙FS208	乙FS209	乙FS210	乙FS211	乙FS212	乙FS213	乙FS214	乙FS215	乙FS216
	16:10		丙MS201	丙MS202	丙MS203	丙MS204	丙MS205	丙MS206	丙MS207	丙MS208	丙MS209	丙MS210	丙MS211	丙MS212	丙MS213	丙MS214
	16:30		乙MS201	乙MS202	乙MS203	乙MS204	乙MS205	乙MS206	乙MS207	乙MS208	乙MS209	乙MS210	乙MS211	乙MS212	乙MS213	乙MS214
	16:50						乙MS301	乙MS302	乙MS303	乙MS304	乙MS305	乙MS306	乙MS307	乙MS308		
	17:10		丙MS301	丙MS302	丙MS303	丙MS304	丙MS305			丙MS306	丙MS307	丙MS308				
	17:30		乙FS301	乙FS302	乙FS303	乙FS304			乙FS305	乙FS306	乙FS307	乙FS308				

表 7 - 4　单项编排细化表

日期	时间	球台	1台	2台	3台	4台	5台	6台	7台	8台	9台	10台	11台	12台	13台	14台
17日	09:00	14台	乙MS101	乙MS102	乙MS103	乙MS104	乙MS105	乙MS106	乙MS107	乙MS108	乙MS109	乙MS110	乙MS111	乙MS112	乙MS113	乙MS114
	09:20		乙MS115	乙MS116	乙MS117	乙MS118	甲FS101	甲FS102	甲FS103	甲FS104	甲FS105	甲FS106	甲FS107	甲FS108	甲FS109	甲FS110
	09:40		甲FS111	甲FS112	甲FS113	甲FS114	甲FS115	甲FS116	甲FS117	甲MS101	甲MS102	甲MS103	甲MS104	甲MS105	甲MS106	甲MS107
	10:00		甲MS108	甲MS109	甲MS110	甲MS111	甲MS112	甲MS113	甲MS114	甲MS115	甲MS116	乙MS201	乙MS202	乙MS203	乙MS204	乙MS205
	10:20		乙MS206	乙MS207	乙MS208	乙MS209	乙MS210	乙MS211	乙MS212	乙MS213	乙MS214	乙MS215	乙MS216	乙MS203	乙MS202	乙MS205
	10:40		甲FS204	甲FS205	甲FS206	甲FS207	甲FS208	甲FS209	甲FS210	甲FS211	甲FS212	甲FS213	甲FS214	甲FS215	甲FS216	甲FS203
	11:00		甲MS201	甲MS202	甲MS203	甲MS204	甲MS205	甲MS206	甲MS207	甲MS208	甲MS209	甲MS210	甲MS211	甲MS212	甲MS213	甲MS214
	11:20		甲MS215	甲MS216	乙MS301	乙MS302	乙MS303	乙MS304	乙MS305	乙MS306	乙MS307	乙MS308				
	11:40		甲FS301	甲FS302	甲FS303	甲FS304	甲FS305	甲FS306	甲FS307	甲FS308	甲MS307	甲MS308				
	12:00		甲MS301	甲MS302	甲MS303	甲MS304	甲MS305	甲MS306	休息							
	14:30	12台	丙MS401	丙MS402	丙MS403	丙MS404	丙FS401	丙FS402	丙FS403	丙FS404	乙FS401	乙FS402	乙FS403	乙FS404		
	14:50		乙MS401	乙MS402	乙MS403	乙MS404	甲FS401	甲FS402	甲FS403	甲FS404	甲MS401	甲MS402	甲MS403	甲MS404		
	15:10		丙FS501	丙FS502	丙FS503	丙FS504	乙FS501	乙FS502	乙FS503	乙FS504	丙MS501	丙MS502	丙MS503	丙MS504		
	15:30		甲FS501	甲FS502	甲FS503	甲FS504	甲MS501	甲MS502	甲MS503	甲MS504	乙MS501	乙MS502	乙MS503	乙MS504		
	15:50		丙MDS决1,2	丙FDS决1,2	丙MDS决3,4	丙FDS决3,4	丙MDS决5,6	丙FDS决5,6	丙MDS决7,8	丙FDS决7,8						
	16:10		乙MDS决1,2	乙FDS决1,2	乙MDS决3,4	乙FDS决3,4	乙MDS决5,6	乙FDS决5,6	乙MDS决7,8	乙FDS决7,8						
	16:30		甲MDS决1,2	甲FDS决1,2	甲MDS决3,4	甲FDS决3,4	甲MDS决5,6	甲FDS决5,6	甲MDS决7,8	甲FDS决7,8						

日期	时间	球台	1台	2台	3台	4台	5台	6台	7台
18日	09:00	8台	丙FS1,2	丙FS3,4	丙FS5,6	丙FS7,8	丙MS3,4	丙MS5,6	丙MS7,8
	09:20		丙MS1,2	乙MS3,4	乙MS5,6	乙MS7,8	乙FS3,4	乙FS5,6	乙FS7,8
	09:40		乙FS决1,2	甲MS决3,4	甲MS决5,6	甲MS决7,8	乙FS决3,4	乙FS决5,6	甲FS决7,8
	10:00		乙MS决1,2						
	10:20		甲FS决1,2						
	10:40		甲MS决1,2						

2. 成绩录入与公告流程

通过双核对双检查进行成绩录入与公告,记分表成绩录入第 1 次—记分表成绩录入第 2 次(实时网络成绩公告)—竞赛官网成绩录入—手工登记成绩—手工公告成绩—导出成绩制作成绩册—核对成绩册无误后发布至微信教练群发布当节比赛成绩—导出官网录入成绩——核对原始记分表无误后并签字。

3. 成绩公告

通过四个方面进行公告:一是编排电脑记录员通过 2 人 2 次成绩录入无误后,通过网络实时公告成绩;二是竞赛成绩录入员经编排长签字确认后在竞赛官网上发布成绩;三是每节比赛结束,编排记录中整理出当节比赛的成绩,通过微信教练群公告本节的成绩;四是编排手工登记成绩后,手工进行成绩公告。

4. 制作节目单

总节目单一式 5 份,分发给嘉宾席、裁判长、检录组、球拍检测组、编排组;对第二阶段的比赛每节进行一次分发。

(二) 临场执裁问题汇总

1. 汇总临场执裁情况

编排组对每天的发球判罚情况、教练员的非法指导情况、运动员的作风等问题进行统计,每天对统计结果按组别、时间进行汇总后在裁判群内通报,告知其他裁判员曾被发球警告或判罚的情况,主要是保证判罚的一致性。

2. 本次比赛判罚

(1) 裁判员对运动员作风方面黄牌警告 3 次;发球警告 31 次;发球违例判失分 80 次。衢州队运动员发球被判失分的最多,有 24 次,其次是绍兴队 16 次。

(2) 对教练员非法指导黄牌警告 5 次。

(三) 临场执裁记分表情况

省运会采用的记分表是国际乒联统一版本的团体、单项记分表,在团体

165

排名表和单项记分表上,有一个栏目对教练员席是靠近主裁判一侧还是副裁一侧需要进行选填,对是否挑选乒乓球也需要做选填,另外对裁判员的编号和协会等信息也要求填写完整。大部分省派裁判员都接触过这种形式的记分表,所以在填写时都很规范,但也有个别裁判员不够认真,没有按规范填写。

(四) 单项

从单项比赛的时间、球台数等信息中可以看出(见表7-5),双打比赛超出预计的时间多,主要有两方面原因,一是双打比赛节奏慢,运动员要相互交流沟通。二是有一张球台损坏,比赛开始时裁判员没检查出来,临时更换球台浪费了30分钟。单打决赛时间能按时结束,主要是临场副裁判长调台及时,调走了2场决赛。

表7-5 单项比赛时间情况统计表

	开始	场数	球台数	单元	计划结束时间	结束时间
双 打	09:00	120	14	10	12:20	13:00
单 打	14:30	126	14	10	17:50	17:40
单 打	09:00	123	14	10	12:00	12:10
单打＋双打	14:30	72	14	7	14:50	17:00
单打决	09:00	24	9	6	11:00	11:00

(五) 比赛展示的运用

1. 竞赛编排软件

本次比赛使用了"赛事助手乒乓球版"这款竞赛编排软件,该软件最大特点就是用户界面友好,控场面板可视化以及网络展示功能。

2. 检录处大屏检录信息展示

检录处设置了一台大屏电视机,上面比赛时间、台号一目了然(见图7-4),方便了运动员、教练员查询,同时也大大提高了检录处的工作效率。

图7-4 检录处信息展示

3. 比赛场地大屏幕信息展示

比赛场馆设有两块LED大屏(见图7-5),通过远程连接场馆机房计算机将比赛信息投放到大屏幕上,方便馆内所有人员查看比赛进度和检录信息。

图7-5 比赛场地大屏幕信息展示

4. 赛事助手网络展示

为了更好地为运动队、教练员以及家长提供信息查询服务,裁判长准备了一台网络服务器,将比赛数据库发布到网络上,实现了比赛信息实时更新,24小时可在线查询(见图7-6)。

5. 运用自媒体技术进行赛事现场直播

省运会是全省规格最高的赛事,运动员水平自然也是全省最高的,除了到现场参与的运动员、教练员以及部分家长,更多的关注者未能到达比

图 7 - 6　赛事信息实时发布

赛现场。为了解决这一问题,照顾到这部分群体,裁判长团队提出了新的要求。现如今自媒体技术已迅速发展,运用网络直播功能可以方便快速地解决该问题,通过不断尝试、测试,最后选择用手机 App 软件进行现场直播,并将直播链接通过微信、QQ 等社交平台广泛转发,受到全省各地教练员、家长的一致好评,可以足不出户看省运,在家也能看到高水平的赛事直播(见图 7 - 7)。

图 7 - 7　赛事现场直播

6. 运用智能摄像头进行赛事监控

竞赛的组织与管理少不了每个部门的合作,裁判长团队、检录处、编排组等,运用对讲机可轻松实现实时顺畅沟通。由于本次比赛编排组安排了独立的小房间,并且与比赛场地距离较远,于是我们首次启用了智能摄像机,安放在场馆的不同位置,一个设置全景,一个设置近景监控整个比赛场地(见图 7-8、图 7-9),可将现场画面实时传输到编排组计算机上,为各部门工作提供了便利。

(a) 编排组监控画面　　　　　　　　(b) 比赛场地智能摄像机

图 7-8　场内赛事监控

(a) 智能摄像机提供的全景画面　　　(b) 智能摄像机提供的近景画面

图 7-9　场内赛事监控

7. 采集电子记分单

应裁判长要求,第一次在大型比赛中采集电子记分单,将本次比赛所有记分单都保存成电子记分单(见图 7-10),方便快速查阅与存档。

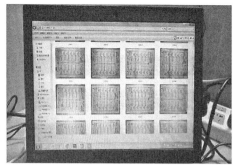

(a) 采集单张记分单 　　　　　　　　(b) 采集的所有记分单

图 7 - 10　高拍仪采集电子记分单

随着计算机信息技术的不断发展,本次比赛充分体现了裁判长团队信息化、智能化的办赛意识和以人为本的服务意识,以更好地服务运动队为主要宗旨,为他们提供了多途径、全方位的信息获取方式,方便运动队的同时也提高了整个裁判队伍的工作效率。

(六) 团队协作亲密无间

1. 编排组分工

(1) 华承健:① 负责编排组管理工作;② 负责比赛秩序册、成绩册;③ 负责编排方案;④ 负责公告每节比赛成绩;⑤ 协助制定比赛器材、编排用具清单;⑥ 协助裁判长抽签工作。

(2) 汤恭定:① 负责种子挑选;② 负责将编排方案编入系统;③ 负责系统运行保障工作;④ 负责系统成绩的审核与发布;⑤ 负责名次表、成绩册的制作;⑥ 负责统计团体总分;⑦ 负责比赛名次奖状和体育道德风尚奖的打印。

(3) 王钟云:① 负责成绩录入;② 负责节目单的制作;③ 负责排名表打印、团体记分单打印和单打记分单打印;④ 负责秩序册、成绩等大屏幕展示工作;⑤ 负责每节比赛成绩的制作;⑥ 负责运动员信息核对工作。

(4) 周琦:① 负责比赛手工记录和成绩公告;② 负责记分单的整理归档;③ 负责分发记分单和团体队名牌给检录组;④ 协助校对秩序册、成绩册;⑤ 协助核对运动员信息。⑥ 协助打印团体记分单。

（5）志愿者 1 名,主要是协助编排组整理队名牌、记分单、分发团体队名牌等。

2. 团结协作

在团体比赛第二阶段抽签中,协助裁判长做好抽签辅助签卡的提醒工作,并及时发布第二阶段抽签结果。

编排组内部,分工不分家,大家一起共同完成成绩登记、成绩公告、成绩校对等环节。

三、经验做法

(一) 手工抽签

团体第二阶段是挑战赛赛制,采用全自助卡片抽签。

A 组第一名进 1 号位,B 组的第一名进 8 号位;A 组第二名进 5 号位,B 组的第二名进 4 号位。

A 组的第三名和 B 组的第三名抽入 3、6 号位,A 组的第三名与 B 组的第四名、B 组的第三名与 A 组的第四名先进行挑战赛(见图 7 - 11)。

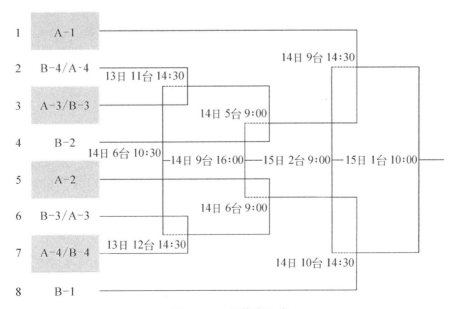

图 7 - 11 挑战赛比赛

获得小组第三名和第四名的运动队，参加第二阶段的抽签。

第一步：小组第三名的两个运动队分别是丽水队和绍兴队，两个教练1和2，教练1拿两小组第三名的队名签，教练2拿3、6号位的位置签。

第二步：小组第四名的两个运动队教练3和4，教练3和4各拿两张游离卡，一张图为三角形，一张图为五角形。

第三步：由拿队名签的教练1先并排放，拿3、6号位置签的教练2也并排放。四张排成一排。

第四步：教练3拿两张不同内容的游离卡放在队名签下面，教练4拿两张不同内容的游离卡放在位置签下面。

第五步：8张全打开，相同的两张三角形游离卡上面相对应的，如一张三角形上面是3，另一张三角形上面是绍兴市，那么绍兴队抽到3号位。一张五角星上面是6，另一张五角星上面是丽水市，那么丽水队抽到6号位（见图7-12）。

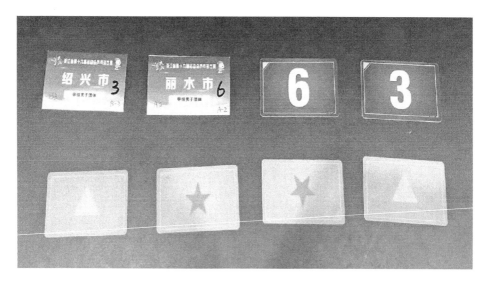

图7-12 抽签结果

(二) 场地的合理运用

根据比赛的重要性和激烈程度，为了最大化使用场地，团体赛和单项比赛基本上是用14张球台，在1号为中心球台的基础上，采用了最中间为 1 号球台,向两边延伸的办法。该排列方法在省运会的比赛中也是首次使用。特别是最后一天的决赛,1 张为中心球台,两侧各放 4 张比赛球台,突出了 1 号球台的中心地位,因为在 1 号台上将举行 6 个组别的冠亚军决赛(见图 7-13)。

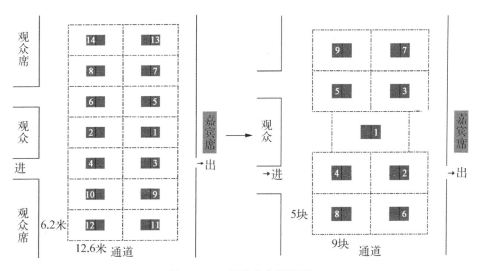

图 7-13　场地分布调整图

四、工作案例

(一) 案例简介

8 月 13 日下午 14:30,12 台,男子团体甲组温州市对丽水市的抽签排名后,发现王 * 琅(直拍)运动员没有参赛,名单上写的是郑 * 浩(横拍颗粒)且没有标注特殊打法的运动员上场。

根据竞赛规则,必须有一名特殊打法的运动员上场(男子甲组特殊打法:直拍打法不包括使用长胶,或使用颗粒胶打法)。根据临场操作的要求,裁判员发现没有 1 名标注直拍或特殊打法信息的运动员上场,于是要求温州队重新填写排名表,温州队提出异议说郑 * 浩就是特殊法,昨天(8 月 12 日)也打了。经向前一天的裁判员证实,12 日这天他打的确实是这块球拍,有一面用的颗粒胶,便允许这名运动员上场。

（二）原因分析

（1）在召开领队教练员会议的时候，部分教练员没有参加，也不清楚该怎么填；

（2）临场裁判员在检录阶段检查球拍时没有核对出来，如发现排名表中是特殊打法但没有被标注这类情况，要报告编排记录组及时更改参赛人员信息，方便后面裁判员的执裁。

五、工作建议

（1）拿到参赛人员名单3天之后再进行抽签。

（2）报名数据建议根据运动员的实力指数的先后顺序排列；

（3）在报名表中要求各运动队标注运动员特殊打法的信息：直拍（不包括长胶）或颗料胶（横拍）。

（4）参与省运会工作的所有人员，一定要团结，形成合力，不同的工作岗位不能缺位，更不能越位。

六、裁判长团队分工

周翎：（裁判长）全面负责竞赛裁判工作，统筹和协调与竞赛相关事宜。督促、检查、落实竞赛各项工作的准备和执行情况。制定大会纪律、裁判员工作流程、裁判长团队每节分工表。参加组委会会议、主持裁判长和教练员联席会议、主持裁判员工作会议统一尺度。赛中临场值班。完成裁判员临场工作小结点评。

赵志强：（副裁判长）负责临场管理，制定场馆平面布置图，负责赛前裁判员的培训工作，负责裁判员赛前的临场实习及流线的演练，负责比赛场馆设施、器材、灯光、空调、训练馆配备等技术标准的确定、落实和检查。落实场馆进、出口流线和内场流线的布局，检查赛场广告、标识。负责裁判员分组及裁判员指派的临场任务，按规定执行中立原则。赛中临场值班完成裁判员临场工作总结点评。完成裁判长临时交办的事宜，协助组织好颁奖仪式。

戚一峰：（副裁判长）负责临场管理和球拍检测工作：负责裁判员分组，负责赛前裁判员的培训工作，负责裁判员赛前的临场实习及流线的演练，落实和检查球拍检测室的布局，协助裁判员分组，负责球拍检测的培训和管理，赛中临场值班（机动）。完成裁判员临场工作总结点评。完成裁判长临时交办的事宜。协助组织好颁奖仪式。

吴红胤：（副裁判长）负责后勤管理和检录：制定裁判员报到须知，省派裁判员住宿安排。汇总裁判员报到信息，负责落实赛前各裁判组工作用品的准备与发放。负责裁判服装发放，落实检录员的培训和管理，高效地完成好检录工作任务。负责裁判车辆调度、票务报销、餐饮、安全等后勤保障工作。赛中临场值班。完成裁判员临场工作总结点评。完成裁判长临时交办的事宜。

华承健：（裁判长助理）负责完成竞赛抽签工作，完成秩序册、成绩册编制。负责编排组的管理，并制定比赛器材、裁判编排用具清单。负责赛事日程安排及比赛场地（含热身、训练场地）的合理安排，确保竞赛的正常运行，及时完成比赛成绩公布及发放，完成资料采集、整理归档等工作。协助做好裁判工作用品的保管与发放。

第三节　国青国少乒乓球集训队 浙江省选拔赛赛事总结

国家乒乓球青少集训队、国家乒乓球少儿集训队浙江省选拔赛，于2020年10月在义乌市梅湖体育馆举行，比赛由浙江卡卡体育发展有限公司承办。

一、竞赛筹备期工作现状

（一）网络报名

通过微信开设网上报名通道。依照国青国少浙江选拔赛规程的要求，参赛人员需持有浙江省户籍与身份证,或在浙江就读的学籍证明,或者是在浙江注册过的运动员等,才能通过网上报名系统报名。

国青国少浙江选拔赛共有来自 114 个单位的 651 名运动员报名参加,其中男运动员 399 名,女运动员 252 名。有 66 名运动员是代表个人参加比赛,占总参赛人员的 10.1%,分别来自 9 个地市区。实际参加比赛的运动员 625 名,有 26 名运动员因个人原因放弃了参赛。报名参赛的运动员中,实际参加 9~10 岁组的男女运动员最多,为 217 人,占 34.7%,越大年龄组参赛的运动员越少。

为方便教练员、家长、运动员快速报名,在参赛性别、参赛组别、俱乐部名称等方面都设置了选择性的选项。报名时特别要求各参赛运动员提供近两年全国性比赛成绩等,主要是为后续确定种子提供方便。

(二) 编排方案

制定编排方案,需要从以下七个方面去考虑。

一是要了解主办方对本次赛事时间上的要求,要在 3 天内结束比赛,10 月 2 日上午召开裁判员会议,下午开始比赛,4 日下午 16:00 点前结束比赛。

二是要考虑承办方举办赛事的条件、场地的大小、球台数量和比赛场次等,本次要在 3 天进行 1844 场单打比赛(第一阶 1590 场和第二阶段 254 场)。

三是要考虑各运动队的住宿成本,每位运动员都要在两天内比赛完毕,运动员最多住宿一天。

四是要考虑运动员的比赛量和比赛轮次,第一阶段每组最多不超过 6 名运动员,以 6 名为主进行分组。如 40 名运动员参加比赛,则分 2 组 5 人,5 组 6 人,共分 7 组。

五是 3 天时间比赛安排 7 节时间完成,第一天下午和晚上 2 节比赛,第二天上午、下午和晚上 3 节比赛,第三天上午和下午 2 节比赛(参见表 7-6)。

六是为了使比赛精彩程度分布得更加合理,也为了让精彩的比赛在中心球台进行,比赛赛事的金牌点要在三节内产生(第 4 节产生 3 个组别冠军、第 6 节产生 2 个组别的冠军、第 7 节产生 3 个组别的冠军)。

七是考虑到让运动员少流动,便于赛事组织管理,编排过程中尽量做到区域包台,一阶段二阶段合理穿插,有机结合。

国青国少浙江选拔赛竞赛日程表见表7-6。

表7-6　国青国少浙江选拔赛竞赛日程表

日期	时间	节数	比赛场数	竞　赛　内　容
2日	14:00	1	370	7~8岁男女第一阶段
	19:00	2	220	9~10岁女子第一阶段
	08:30	3	345	9~10岁男子第一阶段
3日	14:00	4	356	7~8岁男女第二阶段
				9~10岁女子第二阶段
				11~12岁男子第一阶段
	19:00	5	183	9~10岁男子第二阶段1~3轮
				11~12岁女子第一阶段
				9~10岁男子第二阶段4~6轮
				11~12岁女子第二阶段
4日	08:30	6	316	11~12岁男子第二阶段1~3轮
				13~14岁男女第一阶段
	13:30	7	54	11~12岁男子第二阶段4~6轮
				13~14岁男女第二阶段

(三) 抽签办法

1. 抽签方法

(1) 第一阶段种子运动员手工进位与电脑抽入结合,非种子运动员电脑抽签。

第一步:1、2、3、4号种子运动员,分别进入A、B、C、D组的1号位置。

第二步:5~8号种子运动员,分别抽进E、F、G、H组的1号位置;9~

16 号种子运动员依次抽进相应的 1 号位置。

第三步：确定的种子数，超过分组数。超过分组数的剩余种子数，抽进最后一组倒数回来相应的 2 号位置。如小组共分为 12 组，罗列出 16 位种子运动员，则 1～12 号种子运动员按第一步和第二步进行后，13～16 号种子运动员抽入 I、J、K、L 组的 2 号位置。

第四步：非种子运动员由电脑自动抽入相应的位置。

(2) 第二阶段由电脑随机抽签。

2. 抽签原则

种子选手合理分开、同单位合理分开；第一阶段，依据种子序号的顺序进位到各小组的 1 号位置，非种子运动员采用电脑抽签进入其他位置；第二阶段，小组第二名抽入与同小组第一名不同的半区。

(四) 种子设定

种子确定的合理性，直接关系到选拔赛的科学性，是否真正选出了技术水平最高的前三名。正式网络直播抽签三天前，公示拟确定的种子人员。如国青国少浙江选拔赛是先考虑 2019 年全国锦标赛、全国少年锦标赛单打前 8 名；接着考虑 2020 年浙江省锦标赛单打前 8 名、2019 年全国南方赛区等全国性比赛单打前 8 名；再考虑 2019 年浙江省冠军赛总决赛、积分赛总决赛单打前 8 名，2020 年浙江省冠军赛、积分赛分站赛前 8 名等，种子选手按以上原则中的顺序选够第一阶段小组赛分组数量为止。

(五) 球桌布局

为了让前三名运动员充分发挥战术水平，在安排球桌的布局时特意设立了一张中心球桌，中心球桌所占乒乓球场地大小为 7×14 米，半决赛、决赛和 3、4 名附加赛尽量安排在中心球桌进行，比赛安排二裁制。在每张球台的外面各放两条参赛运动员指导者的椅子，用挡板围起方便管理比赛场地。

球桌设置和布局见图 7 - 14。

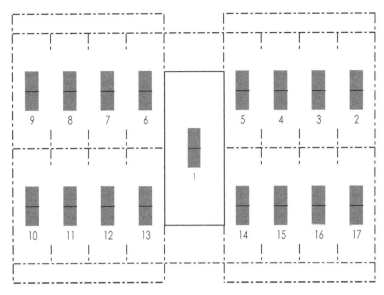

图 7-14　球桌设置分布图

（六）赛事宣传

1. 赛事宣传是比赛承办者向外界公布赛事信息的重要方式

为让更多的青少年乒乓球运动员参与到本次选拔赛中，比赛前期浙江省乒乓球协会，在新媒体、自媒体、钱江晚报、体坛报、省乒协公众号等多个渠道公布本次赛事信息，向大众告知该次比赛接受各类社会团体、地方运动队、中小学校、俱乐部和个人报名。

2. 赛事宣传融入文化元素

在主题选择上，确定为"少年荟萃 齐聚义乌 浙乒后浪 为梦拼搏"，体现浙江青少年齐聚在义乌，为自己的梦想努力拼搏。将"卡卡体育公司"的主色调和公司 LOGO 等元素融合赛事背景、秩序册、指示牌、人名布、工作证、台号等的设计上。以往的比赛秩序册上，参赛人员名单都以单位＋领队教练名字＋运动员三段式构成。这次比赛是按年龄组别＋运动员两段式构成，参赛运动员以"序号＋姓名＋出生年月＋单位"的形式进行排序。

（七）联络机制

为了使比赛公正、有序、高效地进行，国青国少浙江选拔赛安排了 38 名技术官员,其中国际级 3 人,国家级 5 人,一级 17 人,二级 13 人。为了各工作组之间的相互配合与协调,裁判长建了 10 个微信工作群(组委会、裁判长团队、省派裁判员、义乌裁判员、编排工作、义乌运行群、宣传设计、报名、领队教练群等)建立联络网络。国青国少浙江选拔赛不召开领队教练会议,但是通过建立的工作群发布公告与相关信息等。如在报名和领队教练群里提前 5 天发布电子版秩序册和比赛说明,让教练员们知道第二阶段抽签办法和注意事项;在裁判员群内提前 3 天发布电子版秩序册和裁判员技术会议内容,让裁判员们提前解读竞赛规程中的竞赛办法和相关规定,在召开裁判员技术会议的时候能够节省时间,提高工作效率,让裁判有更多的时间去实习临场执裁。

(八) 赛事风险

国青国少浙江选拔赛具有参赛人数多、组织管理难、人员流动大等特点,在很多不确定因素的影响下,整个赛事自然会产生一些不确定的人员风险、交通风险、组织管理风险等。为保证赛事安全,承办方给每一位技术官员和参赛运动员免费办理了比赛期间的人身意外伤害保险费(有效时间从报到之日零时起至比赛结束当日 24 时止)。同时,为做好常态化疫情防控工作,进入赛场需检测体温,出示健康码,佩戴口罩,并在比赛场馆内设置医疗服务区,安排医生值班。

二、竞赛期工作现状

(一) 场馆引导

为了方便教练、家长、运动员快速报到、进入场馆参加比赛,我们在场馆周边三个主路口,设置了 3 米×6 米标有指向箭头通向体育馆方向的背景布。体育馆外围楼上制作了一块大横幅,周边还制作了一些箭头指示牌。场内靠近主席台方向设置主背景布 3 米×12 米一块、正对面横幅一块。在秩序册的封底和比赛说明 PPT 内加入义乌市地图和场馆周边的地图等内容。

（二）指导管理

根据竞赛规则，一名运动员只能接受一个人的场外指导，并且在比赛过程中只能由本场比赛开始前事先定下的指导者指导。此次比赛为了避免出现其他一些赛事中常见的由于俱乐部参赛的运动员较多，教练员忙不过来，运动员没人指导等问题，特意为每位运动员事先确定了一名指导教练，并在运动员参赛证上直接标注教练姓名，于运动员报到时发放，达到了"一运动员一指导"的标准，为运动员技术水平的发挥起到了积极的促进作用。同时，实践证明，在参赛证上的运动员姓名前标注参赛序号，能极大方便报到时的证件查找和资料发放等。

（三）成绩公告

为给运动员家长、教练等提供方便快捷的成绩查询途径，我们采用网络为主的公告形式，在秩序册及所有的指示牌上都公布"赛事信息公告"二维码。网络公告内容包括网络版成绩公告、竞赛秩序公告、比赛进度查询等。网络公告成绩查询，有效地控制了比赛期间的人数，避免了大批人拥堵在一个地方查看成绩的状况。

（四）球拍检测

由于选拔赛前三名的比赛非常重要，所以我们要求对进入前八名的所有运动员的球拍全部进行检测。比赛中 8 个组别的前八名共有 64 块球拍，且各有 3 轮比赛，球拍检测的工作量非常大。为了确保球拍检测与比赛检录工作协调，不影响比赛的进度，运动员进入前八后，检查通过的球拍在上一场比赛结束后交由检录组长保管，统一安排到相应的比赛球台，避免运动员在同一节比赛内重复检测球拍，大大提高了工作的效率。

（五）赛事证书

为了使每一名参赛运动员在参加国青国少高规格的赛事后有一种获得感、荣誉感、满足感，浙江省乒协为每一位参赛运动员都制作了一张竞赛证书（见图 7-15），上面写着"你已成功完成 2020 年国青国少浙江选拔赛的全

图 7‑15 运动员完赛证书

部比赛,特此证明,以此鼓励"。运动员拿到竞赛证书后都非常高兴。

(六) 颁奖仪式

颁奖仪式是基层乒乓球赛事中最严肃、规范的展示环节,可以提高参赛运动员的参与感、仪式感、获得感。国青国少浙江选拔赛在第二阶段比赛前第三名运动员名次决出后,就安排嘉宾给运动员颁奖,8 个组别比赛分 3 节时间进行颁奖。颁奖仪式包括运动队入场、颁奖嘉宾给运动员颁奖、合影留念等流程,以记录运动员、颁奖嘉宾的高光时刻。

(七) 案例分析

案例 1

10 月 4 日上午,永康市某乒乓球俱乐部的一名削球运动员和杭州某体育馆的削球运动员比赛,他们是争夺女子 11～12 岁组的第 7～8 名。由于两位选手都采用削球打法,他们俩比赛一开始就向裁判要求执行轮换发球法。裁判长安排了一名计数员对这场比赛进行计数。根据《乒乓球国际竞赛官员手册》第 15.1.1 条款的规定,在此之前应双方运动员的要求实行轮换发球法。

案例 2

裁判员在检查球拍时,发现宁波队有一名运动员的球拍胶皮没有

ITTF标志,于是向裁判长报告。经过查看发现,原来是前一天运动员的家长把胶皮贴反了180度,把没有商标的这一侧贴到了拍柄这一边,结果把商标给剪了,只留下了没有商标的胶皮在球板上。此案例反映出家长不懂胶皮的有关规定,教练员需要多提醒家长及运动员,贴胶皮的时候要仔细,贴正确后再剪胶皮。《乒乓球国际竞赛官员手册》第7.1.2中规定,必须附有国际乒联的标志和制造商的标志或商标。

案例3

缪＊＊对何＊＊比赛,3局2胜制。第一局何＊＊领先。第二局比赛,开始是何＊＊领先,后来是缪＊×取胜,前两局比分1：1平。比赛第三局缪＊＊7：0领先时,因何＊＊打球不认真,又处在大比分落后的情况下,何＊＊的教练提出弃权,放弃比赛,让何＊＊在负方运动员名单上签字。记分单送到裁判长这里后,裁判长认为弃权不是因为运动员受伤引起的,而是教练员随意提出弃权后运动员不打了,属于作风问题,要按弃权本场比赛2：W-0来处理,而不是以实际分数2：1处理。

(八) 录取名次

根据前八名运动员的名次分析,组合式的分组选拔对年龄大的运动员来说优势还是比较明显的。如7~8岁组中,男女各前八名的运动员,有15名是大年龄(8岁),只有1名是小年龄(7岁)。9~10岁的男女各前八名的运动员,大年龄(10岁)也占了14名。参加全国第二阶段选拔赛的24名运动员(各组别的前三名)当中,有20名运动员是大年龄(见表7-7)。如何分组就决定了运动员能否进入前三名,这很关键。

表7-7　国青国少浙江选拔赛男女各组别前八名获奖人数

	7~8岁组		9~10岁组		11~12岁组		13~14岁组	
	7岁	8岁	9岁	10岁	11岁	12岁	13岁	14岁
男	0	8	1	7	1	7	2	6
女	1	7	1	7	3	5	3	5

三、竞赛组织的不足与建议

1. 报名单位未统一，导致抽签不合理

运动员报名时，报名单位的不一致，给比赛的抽签工作带来一定的困难，给各运动员分组带来一定的不公平。如北仑区华山小学和北仑华山小学，安吉县实验小学和安吉实验小学，公庙中心小学和公庙小学等。一字之差就把原本同单位的运动员认为是不同单位，第一阶段抽签时就有可能抽到同一组。

2. 种子确定抽签未公告，缺少公开性

国青国少浙江选拔赛抽签环节，虽然制定了抽签办法和抽签原则，进行了网络上的公开抽签，但是没有对抽签办法和抽签原则进行公告，缺少公开性。在制订种子依据时，未对现有参赛运动员的成绩进行现状分析，种子确认依据欠合理，导致教练员和运动员有疑问。

3. 比赛需按年龄进行分组，报名时需分步进行

为了使每个组别人数、梯队等更合理，在分组时按年龄进行分组会更科学、更公平。报名时按以往注册过的俱乐部进行报名，报名系统跟省积分赛一致，方便俱乐部报名，也避免俱乐部在名称上的不统一；第二步再对个人进行报名，个人后面可以跟地区名或县市名，防止同地域的运动员抽入同一组。

4. 竞赛编排、名次录取等都应该从运动员角度考虑问题

国青国少浙江选拔赛第二天的 3 节比赛，可以安排紧凑一些，节与节之间休息时间可以安排得少一些，下午还是 1：00 比赛，晚上争取在6：30 前结束比赛，让运动员有充分的休息时间。第二阶段比赛采用单淘汰进行，录取名次为并列第三名的 2 名运动员。因竞赛规则规定前三名的运动员可以都参加全国第二阶段的比赛，这样就有 4 名运动员可以参加。

5. 抽签需考虑弃权等因素，综合预抽后再进行

第一阶段比赛时 2 号种子弃权。第二阶段抽签步骤先把 3、4 号种子所在组的第一名抽 1 名运动员成为第二阶段的 2 号种子；后把 5～8 号种子所

在组的第一名抽 1 名运动员成为第二阶段的 3～4 号种子；再把 9～16 号种子所在组的第一名抽 1 名运动员成为第二阶段的 5～8 号种子；把 2 号种子所在组的第一名列入 9～16 号种子。这样第二阶段的种子设置会相对合理一些。

6. 需根据实际报名参赛运动员成绩，制定种子确定原则

对本次比赛事先下发抽签通知，通知内容涵盖抽签原则、抽签办法、种子确定依据等信息。

种子确定的原则：全国青年锦标赛单打前 8 名，全国少年、少儿锦标赛（决赛）单打前 8 名；全国少年锦标赛（南方赛区）、全国少儿锦标赛（预赛）单打前 8 名；浙江省锦标赛单打前 8 名；全国性比赛单打前 8 名，全国性比赛团体前 8 名；浙江省冠军赛总决赛、积分赛总决赛单打前 8 名；浙江省冠军赛、积分赛分站赛前 8 名（由近及远）等。

7. 高度重视体育赛事风险管控

加强比赛安全管理，将赛事活动纳入本市重要赛事社会稳定风险评估范围，把社会稳定、公共安全、疫情防控、舆情处置等方面风险评估作为办赛决策的前置条件和必经程序，确保体育赛事平稳、有序、健康、快乐地进行。

四、结论

国青国少浙江选拔赛为我省乒乓球后备人才"以赛促训"提供了重要的实践锻炼平台，整个比赛从筹办到组织、开展，通过网络宣传与报名，吸引了大量的青少年参与。通过一系列的比赛编排、管理设计等，确保了比赛的顺利开展，并取得了运动员、教练员和家长的一致认可。赛事的宣传符合赞助商的设想，达到了为赞助商宣传的效果。同时，每位参赛运动员的参赛证书的设置，大大提升了青年、少年运动员参赛的体验感与获得感。该次比赛的成功组织经验，对其他各地区各类赛事的组织存在一定的可借鉴意义。

第四节　第十四届全运会乒乓球赛总结

一、个人总结

2021年9月16至22日,第十四届全国运动会在古都西安隆重举行。我很荣幸能够执裁本次全运会群众赛事活动乒乓球赛,真切感受到了群众对"国球"的热爱,同时也深切感受到了陕西人民的热情。

"全民全运,同心同行"。全运会自1959年开始举办,至今已走过了62个年头。全运会不仅是全面展示和大力推动我国体育事业发展的重要窗口,更是我国竞技体育的"检阅场"和奥运会的"练兵地"。为充分激发全国人民的健身热情,全运会设置了群众赛事活动,主要面向非专业的广大群众选手。

十四届全运会群众赛事活动乒乓球赛在陕西省宝鸡市体育馆举行。因2支队伍临时决定放弃参赛,实际共有56支代表队、374名运动员参加,进行了134场团体比赛、331场单打比赛。共选派裁判员135名,其中国际级裁判员44名、国家级裁判员29名、一级裁判员62名。单打和团体赛均实行第一阶段主裁判中立,第二阶段主裁判、副裁判绝对中立制。

(一)强化业务,收获满满

因疫情防控工作需要,裁判员也进行了为期7天的隔离。隔离期间,我们开展了全面系统的裁判准备工作。首先是理论知识充电。裁判长将比赛规程和裁判学习资料发到群里,要求全体裁判员认真自学。我和其他裁判员每天认真在手机上进行岗前裁判知识理论考试(20道选择题30分钟),为做好裁判工作打下了坚实的理论基础。其次是召开技术官员培训学习会议。裁判长徐敏详细讲解比赛程序、临场工作准则、注意事项等。会上还对理论考试中的案例进行了深入解析,对球拍检测流程和记分单填写等进行了细致说明。再次是组织临场裁判实习。在临场实习中,安排蓝牌裁判公开示范临场操作程序,进行临场操作疑问摸底调查,并针对裁判员的问题一一回复答疑,不断提升裁判员的实际执裁能力。

　　以上学习和实习为我高水平执裁群众赛事乒乓球比赛夯实了基础。央视频直播了我和西安交通大学鲁婷婷老师共同执裁的群众组 50～59 岁男单决赛(见图 7-16),香港运动员雷家文对四川运动员黄英俊。比赛前,我和鲁老师对前期工具准备、运动员入场走位、计时等进行了深入细致的交流与沟通,在检录区组织三检查(服装、人名布、球拍),发现运动员比赛服装同色系要求更换,并挑选了教练席方位等,经过 45 分钟的比赛,圆满完成了执裁任务。

图 7-16　央视频直播

(二) 团体赛制,公平公正

　　团体赛采用小组循环赛＋淘汰赛方式进行。小组循环赛采用五五对抗制(5 个年龄段各上一场:25～39 岁组、40～49 岁组、50～59 岁组、60～69 岁组、70 岁及以上组),打满 5 场,记分采用 4-2-1-0 方式,即获胜方得 4 分,负方若 2∶3 则得 2 分,若 1∶4 则得 1 分,若 0∶5 或弃权则得 0 分(见图 7-17);淘汰赛阶段实行五五对抗制,采用五场三胜制。循环赛和淘汰赛中,每个年龄段的出场顺序均由赛前双随机抽签决定(见图 7-18)。在双方抽签前,可以接受激活团体替补队员的申请,但须经裁判长签字确认。一旦启用替补运动员,则该运动员只能参加被替补运动员所参加的团体比赛,被替换的运动员不能参加决赛阶段中其余的团体比赛。

	A组	1	2	3	4	积分	计算	名次
1	广东省		3:2 --- 4	4:1 --- 4	5:0 --- 4	12		1
2	黑龙江省	2:3 --- 2		5:0 --- 4	5:0 --- 4	10		2
3	中国煤矿体育协会	1:4 --- 1	0:5 --- 0		4:1 --- 4	5		3
4	云南省	0:5 --- 0	0:5 --- 0	1:4 --- 1		1		4

图 7-17　第一阶段循环赛成绩计算

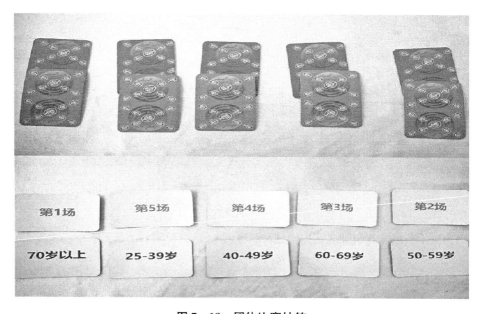

图 7-18　团体比赛抽签

(三) 热情好客,周到服务

十四届全运会医疗卫生部为涉赛人员设计了不同的行李托运标识,主要目的是让"流动中"的涉赛人员分流,缩短在机场专用通道停留时间,减少与其他人员的交集,便于机场工作人员快速识别和集中提取。我们的飞机停在陕西咸阳机场后,广播通知请××、××等座位号的乘客先行走到前面,优先下机。一下飞机便看到志愿者手举鲜明的标识牌"陕西欢迎您",指引我们登上专用摆渡车,到专门开辟的全运会通道和行李处,快捷取行李。这些举措让我深深感受到了赛事服务的周到细致和当地人民的热情好客。同时,为了确保涉赛人员准时到达比赛场馆,相关部门还安排交通警察在相关道路上进行引导。

(四) 人文关怀,倍感温暖

全运会期间,遇到技术官员过生日,西建酒店就会在晚餐自助时给他们送上生日蛋糕和诚挚祝福,其他技术官员齐唱生日歌。9月21日,也就是传统的中秋团圆夜,酒店还安排所有技术官员以圆桌自助餐的形式分组,表演节目,共度中秋佳节,让我们感受到陕西人民的贴心与细心。虽然无法与家人共赏婵娟,但是身边有一群志同道合的人,也是一大幸事! 我们共同度过了一个不平凡的中秋节,这将成为我们生命中难以忘怀的美好回忆。

(五) 群众比赛,乐趣无穷

群众赛事乒乓球比赛中,最大参赛年龄组为70岁及以上组,年龄最小的一组为25~39岁。看到可爱的大爷大妈们为每一分球全力拼搏,令人不由自主地感叹乒乓球魅力如此之大,乒乓精神如此坚强。有一位大妈赢得冠军后,跟教练热烈相拥、喜极而泣时的场景,着实让我感动。

(六) 疫情防控,严而又严

1. 疫苗接种

所有适龄人员必须完成新冠疫苗接种,并上传接种新冠疫苗的证明,才能前往陕西。如未能接种的,需由所在单位出具书面说明,并经组委会批准。

2. 核酸检测

所有赴赛区技术官员需提供抵达赛区前14天、7天、48小时内各1次核酸检测阴性证明。到达赛区后的当天和隔2天,各进行1次核酸检测。我们前后一共进行了8次核酸检测。

3. 健康打卡

2021年8月30日前要求所有人员在赴赛区报到前14天通过"陕西全运通"微信小程序实名注册且完成每日健康打卡,打卡信息有当前位置、身体是否有异常状态、体温三个项目。

4. 封闭隔离

2021年9月7日至13日,根据浙江省体育局统一安排,我到杭州紫云饭店进行全封闭隔离。隔离房间内配发1个小医药包(体温计、口罩、含酒精的卫生湿巾、医用免洗手、酒精棉片等)和零食(方便面、牛肉棒、干果等)。每天早上和晚上自行测温并做好记录,隔离结束后统一上交。每天一日三餐,均有工作人员送到房间门口。每餐都会有水果,每次基本上都会不一样。省体育局在隔离区域摆放了一些书籍供我们学习。在隔离技术官员群里,会发布健身操、八段锦等让我们在房间进行自我锻炼。9月12日,看到杭州萧山机场发布的信息,受14号台风"灿都"(超强台风级)影响,13日11时后出港航班全部取消,此时的我们一直密切关注着台风的变化和手机短信,生怕我们的航班也被取消。如被取消,我们必须马上乘高铁前往陕西。所幸航班未取消,隔离结束后,省体育局开具隔离证明上交报到处,还派专车把我们送到机场。

5. 比赛期间

我们全体裁判员严格遵守"驻地—专车—场馆"闭环管理。不私自外出,不从非封闭区点餐和购买食品。酒店安保人员拒收外来食品和其他快递物品。提倡裁判员之间互相不串门,整个赛程非比赛状态时,坚持佩戴口罩。取消赛前挑球环节,可以通过互相不接触的礼仪方式表达,并提议互相不握手,每场比赛后必须给手消毒等。

总之,这次执裁经历让我印象颇为深刻。感谢中国乒协让我有幸参与全运会。感谢省体育局、省乒协周到的安排和贴心的服务。感谢我的单位义乌工商职业技术学院,支持我在专业技能的道路上走得更远。感谢裁判长团队,让我更加熟悉规则,精通业务。感谢宝鸡,让我感受到东道主的热情。经历是人生最大的财富,唯有经历,才能懂得。

作为一名中年体育人，见证了中国体育的崛起与强大；作为一名裁判员，能够参与到全运会这样的重大赛事中，我感到非常高兴。十四届全运会执裁工作让我更加热爱体育，让我更加坚定做一名优秀乒乓球裁判员的决心！

二、比赛案例

案例1

2021年9月16日上午，本次比赛安排场外录分员（志愿者）进行实时比赛录入工作，志愿者被安排在球场外中间位置，正对着场上的运动员，志愿者服装主体颜色是白色。陕西徐＊＊对阵北京何＊，比赛一开始，主裁判宣布分比0∶0，北京队提出，志愿者穿着主体颜色为白色的服装，影响到运动员比赛，要求志愿者离开球台边，退出场外进行录分。裁判员将此事汇报给当值裁判长，裁判长同意让志愿者离开球场区域进行录分。

运动员入场，挑边练习二分钟后，裁判员到教练席确认指导者，第一局比分3∶4后发现北京队有两位指导都坐在指导席上，于是裁判员要求北京队一名指导离开指导席。

案例2

2021年9月16日上午，湖南张＊＊对浙江王＊，球拍检测单衔接不当，造成未检测就上场比赛。比赛裁判采用二上二下形式进行执裁工作，另有2名机动裁判员负责我们这个小组3张球台的协助检录工作。球拍检测中心把下一场比赛的运动员需要的球拍检查通知单送过来，交给了临场裁判员，裁判员收下来后，没有跟下一场裁判交接，也没有告知协助负责检录的机动裁判员（当时机动检录裁判员临时去忙其他工作走开了），而是把球拍检查通知单压在了胶皮对照表下面。机动检录裁判员回到本台工作时，没看到球拍检查通知单，以为不需要到球拍检测中心检查球拍，就自行通过量网尺进行检查，认为没问题，并报告裁判员说球拍检查过，可以去比赛了。当运动员上场比赛后，上一场的裁判员来到检录处发现这张球拍检查通知单还在胶皮对照表的下面，就将此事报告裁判长，裁判长收回了球拍检测单。

案例 3

2021 年 9 月 16 日下午,煤矿体协雷﹡对上海谢﹡﹡,雷﹡球拍胶皮厚度检测超标,超标的原因可能是运动员用沙皮磨平了手握拍饼处的底板,使得底板下凹,仪器检测超标。裁判员要求另提供一块球拍,检测通过后,上场比赛。

比赛进行到第二局,雷﹡击球失误,对方得一分。雷﹡提出球拍上有水,造成回球失误,要求重发球。我询问对方运动员的意见,对方运动员不同意。我再检查雷﹡的球拍,发现他的球拍上的水迹是他自己的汗滴造成的,于是维持原来的判罚,继续比赛。

第三局比赛,回合之间裁判员擦完汗后没回到球桌边准备接发球,谢﹡﹡就发出球了,我马上说停,运动员听到我说停时手部做了收回的动作,但球却已发出,最终发出的球下网。裁判员要求重发球。雷﹡就开始骂裁判员,裁判员坚持重发球。雷﹡立刻收敛并向裁判员道歉。比赛结束,雷﹡又到裁判员处道歉。

案例 4

湖南胡﹡﹡对阵黑龙江张﹡﹡,裁判员接到球拍检测通知,在检录时将球拍放错纸袋。检测时发现湖南一块球拍有问题,厚度超标,于是通知该队员更换球拍。该队员没有备用球拍,也不愿意借用球拍,表示只能弃权。在归还球拍时发现该球拍不是自己的,而是黑龙江球员张﹡﹡的,便报告裁判长。裁判员当即向双方赔礼道歉,本着实事求是的原则,要求双方收回弃权,继续比赛,双方欣然同意,比赛正常进行。

第五节　编排操作平台试用总结

2012 年浙江省中小学生乒乓球锦标赛(单打)暨积分排名赛(第三站)于 2012 年 11 月 23 日~25 日在舟山市体育中心举行。在本次赛会上,组委会安排我和汤恭定负责编排操作平台(以下简称"平台")的试用,现将平台试用情况总结如下。

一、前期工作开展情况介绍

2012 年 6 月,受省乒协领导委托,我答应配合快乐乒乓网技术人员开展浙江省积分排名赛利用计算机进行编排的需求调研与需求分析。7 月上旬,快乐乒乓网技术人员开始研究《浙江省中小学生乒乓球锦标赛暨积分排名赛竞赛和排名办法》和 2011 年第三站的数据,总结归纳分级编排和晋级的算法,着手开发准备。8 月初,部署了第一个平台进行并进行测试,根据测试结果和提出的修改意见进行了平台的完善,并于 8 月 15 日更新了平台,进行第二次测试。第二次测试后提出了包括用户角色管理、权限分配、系统功能增加、完善等意见。在 8 月下旬诸暨举办的第二站比赛中又进行了现场测试,并对具体的需求再进行解释说明,据此对平台功能再次进行较大的调整,于本次比赛前调整测试完毕。

平台所在的快乐乒乓网浙江站网址为 http：//zj.happypingpang.cn,试用的用户账号为 test1@123.com。平台试用前,快乐乒乓网技术人员将本次比赛参赛运动员的相关数据导入平台。

二、本次比赛具体的操作测试工作

利用平台对所有级别的第一阶段循环赛进行分组,编排比赛日期、时间、台号。对同组同协会的情况,平台会自动用红色提示。利用平台提供的工具进行调整,能自动生成循环赛分组表、循环赛计分表、空白成绩表。将平台编排结果与手工编排结果逐组核对,能满足需求,用时约 2 小时。该平台提供了不同组别分级、分组功能,以及组内人员增加、减少、顺序调整,同级别内、不同级别之间组与组人员调整的功能。

对 Ma - 2003,M - 2002,M - 2001,M - 2000,M - 1999,Wa - 2003 等 6 个级别第一阶段的成绩进行简易输入。通过校对,数据输入完整、正确、积分统计准确、名次计算正确。同时对第二阶段进行淘汰赛编排测试,如 Ma - 2003 组,193 人,分 A、B、C、D、E 五级。测试工作主要是根据平台自动编排结果与手工编排结果核对,核对内容为：是否同名次决赛、位置是否正确、同协会的是否首轮相遇、A 级第 5 名是否比 B 级第 1 名优先、B 级第 5 名是否比 C 级第 1 名优先等。核对发现,平台自动编排的结果与手工编排的结果基本一致,对发现的同协会首轮相遇的情况利用平台提供的工具进行调整,调整后与手工编排的结果一致,用时约 30 分钟。

在试用过程中,我们对平台的性能、功能、界面友好性等进行了考察,并与网站技术人员实时沟通,对个别功能问题进行实时调整。从试用的情况看,第一阶段循环赛编排、循环赛分组表、循环赛计分表、空白成绩表的生成和第一阶段成绩输入等能满足工作需要;第二阶段的编排能基本满足需要,对于同名次决赛、A 级的第 5 名与 B 级的第 1 名决赛等情况能满足,对于同组多名次决赛、不同组多名次决赛等情况还需要手工调整;第二阶段的成绩输入界面不友好、使用不方便、淘汰赛的计分单打印出错;部分功能有待进一步完善。

三、平台操作测试后的建议

(一)信息存储、服务器等方面

目前信息存储及操作基于非官方服务器,比赛过程中所有的操作都依赖网络、服务器,其稳定性难以保障,一旦出现网络故障、服务器故障等情况,比赛将无法继续。

对此建议:① 开发平台客户端,客户端应具备如下能力:每阶段的工作从服务器导出工作数据,在本地计算机打开、保存该阶段的工作,将数据上传到服务器。这样做的目的,是保证网络不通畅、服务器出故障时也能顺利工作;② 在省体育局服务器上部署该平台。

(二)比赛开始前

工作数据需要技术人员协助导入,增加了对网站技术人员的依赖性。主要原因是运动员报名、积分计算等不在同一平台上进行。

对此建议:在省报名系统与平台之间建立数据交换接口,自动将报名数据推送给平台,同时平台对比赛结果进行处理,自动排名、计算积分,并将相关数据推送给省报名系统。

（三）分组编排

（1）第一阶段分组时对同组同协会的人不能自动调整，增加了人工干预的工作量。主要原因是调整策略没有进一步的细化。

对此建议：进一步细化、固化调整策略。

（2）第一阶段编排时，时间、台号设定的功能比较呆板，增加了编排工作量；如果组数量与球台数量不一致，需要逐组分别编排，并要考虑时间长度等因素；生成的循环赛分组表存在连场问题。主要原因是平台在开发过程中始终贯彻利用平台逐一打印临场计分单的工作思路，平台要自动计算并分配球台和时间，在选择分组策略后机械地按照"顺时针"或"逆时针"轮转进行定位，而没有采用改良的算法。

对此建议：增加模糊编排的概念，即如果 10 个组 8 张台子比赛，那么第 1～8 组分别分配到 1～8 号台，而第 9 组机动到 1～4 号台，第 10 组机动到 5～8 台。采用对时间、台号不敏感的策略，系统对输入的时间、台号信息不做检查，只机械地填入相应位置即可。

（3）平台不具备一次操作就导出第一阶段所有需要表格的能力，使得操作时需要逐组进行，也不利于分发。主要原因是自动生成并导出 PDF 格式的循环赛分组表、EXCEL 格式的循环赛计分表、空白成绩表等在存盘时统一使用相同的默认文件名。

对此建议：能根据比赛的年龄组别，由操作员分批选择，一次操作能自动导出多个或全部表格。

（四）循环赛成绩输入、名次计算阶段

（1）第一阶段成绩输入时没有向用户提供数据表单保存方式的选择，只提供了输入一场成绩，平台自动提交保存一场的方式，使得网络流量增加，数据输入效率降低。

对此建议：采用客户端方式解决。

（2）对于弃权场次的比分没有用 3∶W - 0、W - 0∶3 等显示，而是用 3∶0、0∶3 等显示，容易让人产生混淆。

对此建议：弃权方用 W - 0∶3 显示，胜方用 3∶W - 0 显示。

（3）同一组中有 2 个或 2 个以上弃权的，小组名次不能正确生成。原因一是第一阶段弃权的人需要排到第二阶段的对阵中，二是对于同组有多人弃权的情况，适用怎样的规则来排名（按积分高低排名次）没有明确。

对此建议：对第一阶段弃权人员是否参加第二阶段比赛（参加的话以何种排名参加）、是否给名次（给的话给何种名次）等进行明确。

（五）淘汰赛编排阶段

（1）第二阶段的淘汰赛编排时不能对同组多名次决赛、不同组多名次决赛等情况进行自由设定，导致参赛人数较少的组别在第二阶段的编排前需要技术人员手工调整每组决名次人数。主要原因是每个年龄组别每次比赛的情况都不确定。

对此建议：参赛人数的设定应该能自由定义，即在第二阶段淘汰赛设定中，各组决名次的前面再加选择框，可以把相邻的几个决名次段按照每次场次统计表的指引合并成一个决名次段。

（2）在第二阶段编排过程中不能在淘汰赛编排界面初始化该年龄组的第二阶段淘汰赛对阵表，而是需要转到编排页面去一步步地退回到重新生成淘汰赛对阵表的页面去实现，导致每次都需要从平台另外入口进入去初始化，然后再回到第二阶段编排界面，费时费力，也容易出现差错。

对此建议：在平台开发时考虑用户需求，在该界面设置"第二阶段淘汰赛初始化"功能按钮。

（3）第二阶段淘汰赛编排中不能处理同一协会的人在第一轮相碰的问题，也没有用醒目的颜色提示，增加了人工干预的工作量。

对此建议：增加醒目的颜色提示，进一步细化调整策略。

（4）当淘汰赛人数不是位置总数时，没有提供让用户选择是使用抢号方式还是轮空方式的手段。

对此建议：增加一项抢号或轮空方式的选择项。

（5）第二阶段编排结果不能按 EXCEL 格式导出，只能导出 PDF 格式。由于第二阶段的成绩输入、计分单打印等能力不够强大，导致第二阶段的编排结果只能做参考。

对此建议：尽快解决第二阶段编排后将第一轮的位置号、单位姓名等导出到 EXCEL 表的问题。

（六）淘汰赛成绩输入、计分单打印阶段

第二阶段淘汰赛的成绩输入不方便、效率低下；第二阶段计分单打印出错；第二阶段的成绩输入界面、显示输出方式、各轮次对阵的计分单打印不够灵活多样。

对此建议：显示输出界面采用传统的表式，成绩输入既可以以传统表式进行，也可以通过输入场次号等方式来完成。

（七）公共部分

（1）无论是循环赛编排还是淘汰赛编排的日期、时间段设定中，对于同一操作界面有多个相同时间段要设定的情况，不能自动获取前一个时间段数据，而是需要逐个设置，这些工作需要花费至少 50% 的编排时间。

对此建议：平台开发时要自动计算并分配球台和时间。

（2）系统的一些固定提示信息、数据处理后的弹出框提示信息不明显、操作按钮名称技术化，导致操作者对平台提示不敏感、对按钮下一步的去向不明白。

对此建议：设计人员在设计时要从用户体验的角度去考虑，不要追求技术路线。对平台使用的所有提示语、操作按钮进行检查，使其更符合操作要求，将所有操作成功后的提示都用弹出框显示。

（3）平台没有提供成绩输入自动校验功能，即同一成绩由 2 人分别输入，平台对输入的 2 份成绩进行自动校验，如有不一致的，即弹出提醒，并作修改确认操作。

对此建议：增加自动校验功能。

四、与原有工作模式的对比

一是编排组工作场所需要具备上网能力，给比赛场馆的布置提出了新

的要求。而网络环境、服务器的性能、服务器运行环境等如果不能保证稳定，比赛将无法顺利进行。

二是比赛临场情况千变万化，各年龄组不同站次的比赛场次，比赛组合不一定相同，都需要根据实际参赛人数确定，因此对平台的功能和技术开发人员的配合有很高的要求。

三是在现有功能的情况下，编排操作平台可实现第一阶段的操作，第二阶段的使用还要不断地优化。编排工作人员分工可适当调整，工作重心转入比赛第一阶段的校对和比赛第二阶段的出单，编排的工作时间可大大缩短。

四是第二阶段的开单、登记分数等，还是需要由编排记录员及临场裁判共同完成。

五、平台建设的预期目标及作用

通过对平台的完善，平台将有如下预期目标和作用。

一是简化报名工作，减轻报名工作量。若平台功能完善，将有利于报名工作的进行，实现对运动员资格、报名时间、签到等的管理，实现报名工作规范化、无纸化，能通过姓名、身份证等信息及时查看、修改等，为体育局和各俱乐部教练员减轻工作量。

二是减轻编排记录工作量。若平台功能进一步完善，编排记录工作实现快速便捷，便于快速实时调整，保证比赛顺利进行。第一阶段，即使参赛运动员赛前才最终确定，第一阶段的比赛单也能快速生成，在人工少量调整后，就能输出第一阶段的所有表格，既减轻了编排记录的工作量，又加快了编排进度；第二阶段，在第一阶段信息输入之后，能自动生成第二阶段的初步表格。第二阶段情况相对复杂，人工调整工作量较多，但工作量仍比原有的全人工操作要少。

三是信息自动计算。实现名次排名、积分换算、总积分排名等的自动生成。

四是信息存储与发布。若平台功能进一步完善，将实现无纸化、网络化的信息存储与发布，所有教练员、运动员、家长等都可随时通过网络查找历史的、实时的比赛结果。

六、工作建议

通过三天平台的试用，我们提出了平台方面存在的一些不足，有些不足在当场就已解决，还有一些不足需要进一步解决。就现状而言，在保证外部环境（网络等）都有保障的前提下，平台接下来可作为省积分赛辅助工具运用到编排中去。

第六节　全国乒乓球锦标赛编排工作小结

2015 年 10 月 5 日至 12 日，"信和财富杯"全国乒乓球锦标赛在黑龙江省哈尔滨市举行。

一、单项比赛所做工作

（1）收齐和汇总运动员名单，制作参赛人员统计表，参赛项目统计表，参赛运动员名单。

（2）制定编排方案（球台数量、时间、比赛数量等）。

（3）制作种子的名签和抽签用的号签，单打的种子抽签在领队会后现场抽。制作名签和号签时要有备用的空白名签和空白的号签（人名签除了种子名签外，还要制作预选赛出来到正赛人员的名签）。

（4）打印参赛人员名单、团体赛名单、单打人员名单。要以各队为单位，进行签到和确认。

（5）领队会的时候确认参赛人员名单、团体赛名单、单项人员名单，并要求各领队或教练签字。

（6）单项种子抽签时，公示种子人员名单并在抽签时宣布后备种子人员名单，如 16 位是种子名单，种子名单后面还有一批后备种子名单，如种子不来参加，则后备种子抽到正选种子当中。

（7）立即进行比赛的编排，编排结束后公布，制作秩序册，制作公告栏，打印记分单。单打采用 7 局 4 胜制，双打采用 5 局 3 胜制（除半决赛和决赛用 7 局 4 胜制），预选赛全部用 5 局 3 胜制。

（8）制作节目单，每一节比赛前要制作一次，到四分之一决赛、半决赛和决赛都要在比赛前制作一次，打印 10 份左右送到相关部门。

（9）打印秩序册、节目单（国家队需要 20 份，各队新闻记者等需要 30 份）。

（10）发放记分单，比赛开始前 30 分钟放入检录筐内。

（11）记录记分单，比赛完成后成绩录入系统电脑、手工记录后给成绩公告裁判员，打印下一场记分单。

（12）每节比赛结束后打印与发布成绩，国家队需要 20 份，各队新闻记者需要多少份，成绩通过微信、成绩公告栏、邮件等发布。

（13）半决赛时，输的一方签字，通知比赛颁奖时间。

（14）预选赛一天结束，之后进行抽签，抽签结束后制作与发布正赛秩序册等。

二、团体比赛

（1）团体比赛抽签，十天前就已抽好，之后制作与发放秩序册。

（2）制作团体节目单。

（3）打印团体排名表，比赛前 45 分钟发放团体比赛排名表、裁判员排名表。抽签完后到编排记录台打印团体记分单。打印结束后由裁判员负责仔细核对。

（4）录入团体比赛成绩，录入结束后，记分单给成绩公告裁判员。

（5）打印与发布每一节成绩，需要 30 份左右。

（6）制作团体队名签和号签。

（7）团体第一阶段结束后，马上进行第二阶段抽签。同协会运动员第 1 轮不相遇为原则。

（8）第二阶段每 1 轮比赛结束后制作节目单。

（9）制作与发布成绩册。

第七节 2018—2019乒超联赛执裁小结

一、比赛办法

（1）男、女团体赛的比赛办法相同，均为五场三胜制。双方选手的出场次序为：

第一场：A—X

第二场：B—Y

第三场：双打

第四场：A—Y

第五场：C—Z

（2）第一、二、四场比赛中，每场比赛均采用5局3胜制，前四局比赛采用11分制，第5局比赛采用7分制。

（3）第三场双打和第五场单打比赛，采用3局2胜制，前两局比赛采用11分制，第3局比赛采用7分制。

（备注：7分制中，每位运动员每次发两个球。6平后，每位运动员发一个球，领先2分即获胜。决胜局7分制比赛中，当一方运动员先获得3分时，双方运动员交换方位）

（4）每场团体赛运动员出场排阵的相关规定。

a. 一名运动员一场团体赛中最多出场两场比赛。

b. 出场双打的选手可以是两队中除位置A和位置Y以外的任何选手。

c. 第五场比赛的出场运动员只能是本场团体赛对阵报名排序不是第1场或第2场的任何一名运动员。

d. 每场团体赛中，只能上场一名非中国乒协运动员。

（5）比赛指定使用器材：红双喜。

二、时间安排

12月21日，我们到达比赛江西南昌，22日的主要行程安排见表7-8。

表 7 - 8　比赛当天主要时间安排

时　　间	内　　容
9:30	酒店出发去赛场看场地
10:00	召开赛前领队会议
12:00	中餐
13:00～17:30	休息
17:30	晚餐
18:10	酒店出发去赛场执裁
18:30	双方运动队上交比赛排名表
18:30	双方运动员挑完比赛用球
19:15	运动员入场
19:30	开始比赛

三、赛前准备

（1）填写记分表（事先把时间、场号、比赛地等相关信息准备好，抄到记分表里），填写双方运动员名单，并仔细检查，划去第三、五场后二局，因为是3局2胜制。

（2）把翻分器、多球脸盆、擦球台毛巾准备好。

（3）沟通临场执裁情况。

（4）先把记分板夹放在副裁桌下面。运动员在场上练习。

四、主副裁沟通

（1）计时（练习2分钟，局间1分钟，一局比赛）。

（2）抛球，什么时候抛。

（3）判罚一致性。

（4）球拍,第一场的球拍,主裁判拿,第一场比赛的收球拍拿给比赛监督。后面场比赛的球拍都由副裁判拿和收回球拍给比赛监督。除非确定运动员不参加后面的比赛就不必收回球拍。

五、入场仪式

19:15准备入场,主持人主持,乒乓宝贝表演。

请裁判员入场（主持人）

按要求裁判员入场,入场时主裁走前面,副裁走后面,主裁按要求站立靠主裁判椅这一边端线后面（中间）,主裁站好后,副裁判从主裁判后面走过去到靠近副裁判椅这一边端线后面（中间）。

（1）先介绍主裁判后副裁判。

（2）客队运动员出场,介绍教练＋运动员。

（3）主队运动员出场,介绍教练＋运动员。

（4）升国旗,奏国歌（侧身站立面对国旗）。

六、开始比赛

1. 主裁的操作流程

第一步：到副裁判桌下面拿记分板夹。写上比赛开始时间。

第二步：组织第一场运动员,检查服装、球拍等,挑边。

第三步：练习时间到,主裁宣告,"女子团体齐鲁交通对八一南昌,第一场朱＊玲对刘＊比赛"。第一局比赛刘＊发球,0：0。

第四步：按规则规定进行判分、宣告、记录、签名等工作。

2. 副裁的操作流程

第一步：关挡板翻局分0：0,拿第一场出场的球拍,放在主裁判这一侧。

第二步：拿出2块量网尺测量球网张力与高度,擦球台。

第三步：比赛过程中一局结束,关秒表,开秒表,球给主裁判,先把这局比分（11：7）保留一会儿,直至下一局比赛开始。先翻回比分再翻出局分

（0∶1）。

第四步：一场比赛结束，收回运动员球拍，送到比赛监督席，拿出下一场比赛的运动员球拍（事先要了解出场运动员的情况，用纸也抄一下或看大屏幕下一个出场运动员，主要是方便拿球拍避免拿错运动员球拍）。

第八节　浙江省第十六届大运会乒乓球
（乙组）比赛总结

2022 年 6 月 12—16 日，由浙江省教育厅、浙江省体育局主办，浙江省学校体育协会负责执行，义乌工商职业技术学院（以下简称"义乌工商职院"）承办，浙江省学校体育协会大学乒乓球分会协办的浙江省第十六届大学生运动会乒乓球（乙组）比赛（以下简称"第十六届大乒赛"）圆满落下帷幕。全省共有 27 所高职院校、196 名运动员参加本次比赛。

义乌江畔、鸡鸣山下，梅雨如约而至，青春永远热烈。青年学子们用一段活力四射的啦啦操、一场热血沸腾的舞台剧和一场永不言败的乒乓盛事，诠释着"一'乒'到底"、拼搏进取的体育精神和时代风采。

开幕式仪式部分（见图 7 - 19），全体运动员面向国旗、奏唱国歌，义乌工商职院院长马广致欢迎词，运动员申屠晗嗥代表全体运动员宣誓，裁判员陈悦越代表全体裁判员宣誓，浙江省学校体协常务副秘书长姜丽宣布比赛开幕。参加开幕式的还有省学校体协资格审查与纪律监察部长胡振浩，省学

图 7 - 19　开幕式、奏唱国歌

校体协大乒分会主席诸葛伟民,省学校体协大乒分会副主席戚一峰、徐峰、张伟兵,裁判长陆长青,院体育部副主任吴雷等。

(一) 嵌入思政元素,践行立德树人使命

习近平总书记在庆祝中国共青团成立100周年大会上强调,"实现中国梦是一场历史接力赛,当代青年要在实现民族复兴的赛道上奋勇争先。"在开幕式上(见图7-20),义乌工商职院"望道行"团队思政舞台剧《前进! 前进! 前进!》,健美操协会啦啦操表演《舞动青春》,呈现了一堂极具感染力和青春朝气的思政微课。青年学子倾情演绎,将百年前爱国志士的情怀和青年人阳光自信的精神淋漓尽致地展现出来,为现场各参赛运动员送上了丰盛的"精神大餐",赢得了雷鸣般的掌声。

图7-20 开幕式上的《前进! 前进! 前进!》《舞动青春》

(二) 竞赛规则重塑,扩大运动队获奖面

第十六届大乒赛竞赛规则重新进行规定,各参赛运动队男、女运动员各报5人,男子单打、女子单打各队不能超过2人,男子双打、女子双打、混合双打各队只可报1对,参赛运动员每人只能报1个项目(可兼报团体赛)。经过激烈的角逐,共有21支队获得前八名,获奖面较以往比赛有明显扩大。这对于参赛运动队和运动员来说都是一种极大的鼓舞,相信将有效激励他们今后继续以乒乓球为乐,坚持强身健体,从而为体育强国梦筑牢根基。图7-21为女子单打比赛现场。

图 7 - 21　乒乓球比赛现场

（三）展现以体育人，凝聚青年学子力量

为切实承办好本次比赛，义乌工商职院遴选了 60 名学生志愿者，参与到检录成绩展示、区块服务导引、赛事规划安排、器材搬运组装等服务工作中，特别是开幕式结束到乒乓球比赛开赛环节，志愿者们分工明确、团结合作，在 20 分钟内就把体育馆上的 13 张比赛球台和近 150 块挡板布置到位，确保了比赛正常开始。学生志愿者用细致入微的服务态度、精益求精的工匠精神，展示了新时代大学生昂扬向上、勇于奉献的青春风采，成为比赛过程中一道最特别的"蓝"风景。图 7 - 22 为志愿者。

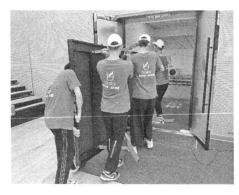

图 7 - 22　志愿者精诚服务

（四）首试考级培训，提高裁判执裁水平

赛前，义乌工商职院举办了以学校为单元的乒乓球国家三级裁判员培

训班,系全省首次"试水"。培训内容主要为乒乓球竞赛规则和临场流程的讲解、记分单填写与问题答疑、临场指导与实践操作、理论与临场考试等(见图 7-23),共计 16 学时。学校有 53 人报名参加培训,51 人达到合格标准,通过率为 96.2%。

图 7-23　临场与理论考试

(五) 积极创新载体,展示乒乓赛事信息

为确保领队、教练员、运动队能够第一时间获得比赛实时信息,义乌工商职院专门在检录处、成绩公告处、各运动队公告栏等显著位置设置了 4 个大屏幕电视机(见图 7-24)。通过观看检录处大屏,各运动队可以实时了解检录时间。成绩公告处放置的 2 台大屏幕电视机,便于查询男子团体和女子团体成绩,让各运动员能够有选择地掌握详细的比赛成绩,为下一步团体

图 7-24　信息公告

赛的排兵布阵做好充足的准备。

(六) 加强宣传力度,实现赛事宣传效果

为营造良好的比赛氛围,最大程度体现乒乓元素,进一步提升赛事宣传效果(见图7-25),义乌工商职院精心设计了以乒乓球拍为元素的引导牌,引导牌上印有各参赛队的队名和赛事信息查询二维码,并于比赛结束后赠送给各参赛队留念。在显著位置,即体育馆门口印有参赛的27所高职院校徽标和北京冬奥精神等标语。2022年6月17日,"乒乓世界"微信公众号报道浙江省第十六届大学生运动会乒乓球(乙组)比赛圆满落幕的相关信息。

浙江省第十六届大学生运动会乒乓球 (乙组) 比赛圆满落幕

乒乓世界 2022-06-17 17:20 发表于北京

义乌江畔、鸡鸣山下,梅雨如约而至,青春永远热烈。随着一声声清脆的乒乓起落,为期5天的浙江省第十六届大学生运动会乒乓球(乙组)比赛(以下简称"第十六届大乒赛")于6月16日圆满落下帷幕。在义乌工商职业技术学院(以下简称"义乌工商职院")里,青年学子们用一段活力四射的啦啦操、一场热血沸腾的舞台剧和一场永不言败的乒乓盛事,尽情诠释了一乒到底,拼搏进取的体育精神和时代风采。

图7-25 宣传效果

在省教育厅、省体育局、省学校体育协会、大学乒乓球分会等的大力支持下,在各兄弟院校的关心帮助下,义乌工商职院积极履行承办校职责,高度重视、前瞻谋划、精心组织、周密部署、热情接待、全力以赴做好各项工作,最终比赛办得安全、顺畅、圆满、成功。笔者作为此次比赛开幕式的主持,也是本次活动的主要的策划者、组织者,从中收获了宝贵的实践经验,为今后的执裁和办赛进一步夯实了基础。

附录　作者执裁经历

2004 年 1 月,担任 2003～2004 浙江省中小学生乒乓球积分赛总决赛裁判员;

2004 年 3 月,担任省第二届"三八节"女子乒乓球比赛裁判员;

2004 年 8 月,担任全国第十三届"幸福杯"乒乓球副裁判长;

2006 年 10 月,担任浙江省第十三届运动会"联通杯"乒乓球裁判员;

2007 年 3 月,担任第六届全国城市运动会乒乓球预赛裁判员;

2007 年 5 月,担任中国乒乓球俱乐部甲 A 比赛裁判员;

2007 年 6 月,担任浙江省第六届处级以上干部乒乓球裁判员;

2007 年 6 月至 9 月,担任中国乒超级联赛裁判员;

2007 年 11 月,担任浙江省乒协领导乒乓球裁判员;

2007 年 11 月,担任中国乒乓球协会会员联赛裁判员;

2007 年 12 月,担任浙江省第九届乒乓球俱乐部比赛副裁判长;

2008 年 　 月,担任四站浙江省中小学生乒乓球积分赛裁判员;

2008 年 4 月,担任省交通系统首届职工运动会乒乓球赛裁判员;

2008 年 5 月,担任义乌市第二届中外商人运动会乒乓球赛裁判长;

2008 年 5 月,担任义乌市市直机关干部、金贸系统乒乓球赛裁判长;

2008 年 7 月,担任浙江省少年儿童乒乓球锦标赛的裁判员;

2008 年 9 月,担任"伟星杯"中国乒乓球俱乐部甲 C 比赛裁判员;

2008 年 12 月,担任中国乒超级联赛"浙商银行—上海队"裁判员;

2009 年 1 月,担任"中行杯"浙江省中小学生乒乓球积分赛裁判员;

2009 年 4 月,担任浙江省中小学生乒乓球积分赛裁判员;

2009 年 4 月,担任 2009 中国乒乓球俱乐部甲 A 比赛的裁判员;

2009 年 5 月,担任浙江省第八届处级以上乒乓球联谊赛裁判员;

2009 年 5 月,担任中国乒超联赛"浙商银行—四川全兴"裁判员;

2009 年 4 至 6 月,担任义乌市乒乓球名人赛和精英赛的裁判长;

2009 年 7 月,担任了在福建省武夷山市举办的全国残疾人乒乓球锦标赛的裁判员;

2009 年 7 月,担任全省青少年乒乓球锦标赛的裁判员;

2009 年 8 月,担任浙江省中小学生乒乓球积分赛的裁判员;

2009 年 9 月,首届全国县长杯乒乓球赛的裁判员;

2009 年 11 月,担任"工行杯"义乌市乒乓球俱乐部联赛裁判长;

2009 年 11 月,担任全省乒协副秘书长以上领导联谊赛的裁判员;

2009 年 8 月,担任浙江省中小学生乒乓球积分赛(总决赛)的裁判员;

2010 年 4 月,担任浙江省中小学生乒乓球锦标赛暨积分排名赛的裁判员;

2010 年 4 月,担任"ZSTL"浙江省首届中小学生乒乓球联赛的副裁判长;

2010 年 5 月,担任在石家庄市 2010 年全国残疾人乒乓球锦标赛的裁判员;

2010 年 5 月,担任 2010 年中国乒乓球协会会员联赛的裁判员;

2010 年 7 月,担任浙江省中小学生乒乓球锦标赛暨积分排名赛第三站的副总裁判长;

2010 年 7 月,担任省第十四届运动会行业系统部乒乓球赛裁判员;

2010 年 7 月,担任省第十四届运动会青少年部乒乓球赛裁判员;

2010 年 8 月,担任全国少年乒乓球锦标赛裁判员;

2010 年 11 月,担任浙江省首届体育大会裁判员;

2010 年 11 月,担任省中小学生乒乓球锦标赛暨积分赛总决赛副总裁判长;

2010 年 12 月,担任省乒乓球协会副秘书长以上领导联谊赛裁判员;

2011 年 2 月,担任省中小学生乒乓球锦标赛暨积分赛裁判员;

2011 年 6 月,担任"体彩杯"中国乒乓球俱乐部甲 A 比赛裁判员;

2011 年 6 月,担任省首届体育社团运动会乒乓球比赛裁判员;

2011 年 8 月,担任浙江省少年儿童乒乓球锦标赛裁判员;

2011 年 10 月,担任中华人民共和国第八届残疾人运动会"凯洋杯"乒乓球比赛裁判员;

2011 年 11 月,担任中国乒乓球协会会员联赛裁判员;

2012 年 6 月,担任浙江省第十一届处级以上干部乒乓球联谊赛裁判员;

2012 年 7 月,担任浙江省少年儿童乒乓球锦标赛裁判员;

2012年8月,担任金华市第八届运动会乒乓球比赛裁判员;

2012年12月,担任国际乒联职业巡回赛总决赛裁判员;

2013年8月,担任第二届亚洲青年运动会乒乓球比赛裁判员;

2013年10月,担任全国青年乒乓球锦标赛裁判员执裁男单决赛;

2013年11月,担任省乒乓球协会副秘书长以上成员联谊赛裁判员;

2014年8月,担任中国乒乓球俱乐部甲D比赛(第二站)裁判员;

2014年10月,担任浙江省第十五届运动会乒乓球比赛裁判员;

2015年9月,担任第二十届全国大学生乒乓球锦标赛裁判员;

2015年10月,担任全国乒乓球锦标赛裁判员;

2016年8月,担任24届中日韩青少年运动会乒乓球比赛裁判员;

2016年10月,担任世界乒乓球青少年挑战赛裁判员并执裁团体决赛;

2017年9月,担任中华人民共和国第十三届学生运动会乒乓球比赛裁判员;

2017年10月,担任全国首届乒乓球等级联赛裁判长;

2017、2018年分别担任中国乒乓球协会超级联赛裁判员;

2018年3月,担任中国乒乓球协会团体公开赛裁判员;

2018年4月,担任全国少年乒乓球比赛(南方赛区)裁判长助理;

2018年8月,担任第十六届省运会乒乓球裁判员;

2019年8月,担任第一届中日少儿乒乓球挑战赛裁判员;

2020年7月,担任省乒乓球积分赛裁判长;

2020年10月,担任国青国少集训队浙江省选拔赛裁判长;

2020年12月,担任浙江省第九届乒乓球等级积分赛总决赛裁判长;

2021年9月,担任中华人民共和国第十四届运动会乒乓球裁判员;

2021年10月,担任国青国少集训队浙江省选拔赛裁判长;

2021年11月,担任休斯敦世乒赛热身赛裁判员。

参考文献

［1］ 陈立农.大众体育赛事组织形式研究[J].体育文化导刊,2008(9)：12－14,27.

［2］ 徐睿卿,裴鹏.对乒乓球运动普及与发展的几点思考[J].吉林体育学院学报,2006,(4)：120－121.

［3］ 孙夷茜.中国乒乓球协会会员制现状及发展的研究[D].北京：北京体育大学,2009.

［4］ 董晓春.社区体育及其发展的思考[J].武汉体育学院学报,2003,37(5)：31－33.

［5］ 李凤华,卢刚.北京市社区乒乓球赛事组织的现状与对策研究[J].吉林体育学院学报,2011,27(4)：139－141.

［6］ 李相如.我国城市社区实施全民健身工程的现状与对策研究[J].体育科学,2001,(2)：28－33.

［7］ 耿文光.南京市网络型业余羽毛球俱乐部发展现状及管理方式的研究[J].南京体育学院学报(自然科学版),2008,(1)：38－41.

［8］ 郭智锋.中国乒协会员联赛的现状与影响因素分析[D].北京：北京体育大学,2009.

［9］ 陈坚,董东风,肖波.球类竞赛的排名式积分赛编排方法研究[J].湖北财经高等专科学校学报,2009,21(4)：44－47.

［10］ 王景波.加强体育行政部门体育公共服务职能的研究[J].沈阳体育学院学报,2009,28(1)：18－20.

［11］ 张瑛秋,孙晖晓.全民健身电脑积分系统的研制[J].北京体育大学学报,2008(2)：176－178.

［12］ 李颖.第7届全国大学生运动会乒乓球比赛调研[J].河北体育学院学报,2006,(01)：33－34.

［13］ 韩永.我国俱乐部研究状况综述[J].天津体育学院学报,2000,15(3)：23－24.

［14］ 凌平.中国发展体育俱乐部的若干问题思考[J].体育与科学,2000,21(4)：17－24.

［15］ 张林,马志和,等.我国高水平乒乓球俱乐部现状与发展对策研究[J].体育科学,1998,(5)31－34.

［16］ 华承健.乒乓球积分赛策划与组织方法的研究——以义乌市乒乓球积分赛为例[J].浙江体育科学,2014,36(1)：35－37.

［17］ 华承健.义乌市乒乓球俱乐部超级联赛赛制分析[J].体育文化导刊,2012(3)：

40－42.

[18] 华承健.义乌市后备人才乒乓球积分赛赛制体系实施探析[J].浙江体育科学，2015,37(5)：29－32.

[19] 方华.武汉军运会男子篮球竞赛组织实施研究[D].武汉：武汉体育学院,2020.

[20] 丛湖平,罗建英,卢伟.民间足球竞赛组织相关研究的评述[J].浙江体育科学，2019,41(5)：1－6,19.

[21] 王方.宁波市镇海区群众体育竞赛项目及组织的研究[D].北京：北京体育大学,2019.

[22] 杨升平,丛湖平.体育竞赛组织形成机制的认识逻辑——兼论民间体育竞赛组织的培育发展机制[J].上海体育学院学报,2018,42(4)：44－49.

[23] 毛平生.银川国际马拉松赛竞赛组织现状调查与分析[D].北京：北京体育大学,2018.

[24] 李向勇,孙永胜,崔禹科.现代体育竞赛组织与管理实践[M].北京：新华出版社,2017.

[25] 黄潞敏.我国大众体育竞赛组织形式的研究[J].运动,2017(5)：144－145.

[26] 卢萍,饶亚莉.大众体育竞赛制度路径拓展研究[J].体育科技文献通报,2017,25(2)：106－107.

[27] 卢葭琪.我国大型体育赛事竞赛组织管理技术规范框架体系研究[J].统计与管理,2016(10)：163－164.

[28] 郑燕.美国中学体育竞赛的发展及对我国的启示[D].长沙：湖南师范大学,2016.

[29] 杨烨,倪京帅.上海市中学竞技体育竞赛组织现状与对策[J].上海体育学院学报,2007(2)：24－28.

[30] 杨升平,丛湖平.试论体育竞赛组织及其演化与分类——游戏与组织的理论框架及历史与现实的案例分析[J].体育科学,2018,38(5)：90－98.

[31] 姚远,李军岩.我国学校体育赛事体系研究[J].体育文化导刊,2018(12)：119－124.

[32] 史悦红,蒲毕文.我国大型体育赛事组织管理模式的研究——基于政府与市场关系视角[J].管理现代化,2018,38(6)：48－52.

[33] 张文健,靳厚忠.我国职业体育组织的发展模式创新[J].天津体育学院学报,2019,34(2)：13－17,25.

[34] 王钟云.高校乒乓球课程优化与实战技巧研究[M].西安：西北工业大学出版社,2022.

[35] 中国乒乓球协会.乒乓球竞赛规则[Z].北京：人民体育出版社,2016.

[36] 程嘉炎,孙麒麟.乒乓球竞赛法 规则法 裁判法 高级教程[M].北京：高等教育出版社,2019：249－289.

索　引